KAPITALE
KARPFEN

KAPITALE
KARPFEN

ANDRE VAN DER SCHAFT
CEES VAN KEMPEN
HANS NIJMAN

Den Haag, April 1986 / Bamberg, Februar 1987

ISBN 90 9001231 1 / CIP

© Nachdruck, auch einzelner Teile, verboten. Alle Nebenrechte von den Autoren vorbehalten, insbesondere die Übersetzungsrechte, die Filmrechte, das Abdrucksrecht für Zeitungen und Zeitschriften, das Recht zur Gestaltung und Verbreitung von gekürzten Ausgaben und Lizenzausgaben, Hörspielen, Funk- und Fernsehsendungen sowie das Recht zur photo- und klangmechanischen Wiedergabe durch jedes bekannte, aber auch durch heute noch unbekannte Verfahren.
No part of this book may be reproduced in any form by print, photoprint, microfilm or any other means without written permission from the authors.

Dieses Buch ist verlegt von:
Albacore BV, Postbus 22, 2690 AA 's-Gravenzande.
Tel. 01748/12496. Holland.

Wir widmen dieses Buch allen Freunden, die wir durch die Karpfenfischerei gewonnen haben.

                                                          André
                                                          Cees
                                                          Hans

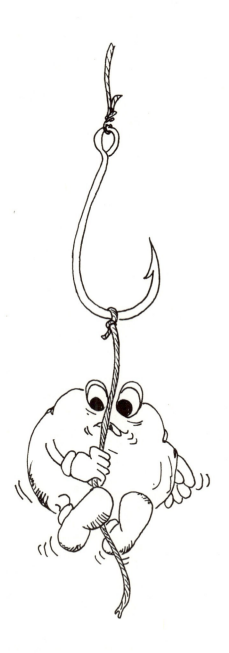

Inhalt   **Seite**

Vorwort — 9

Einführung — 11

Karpfengewässer — 17

Der Angelplatz — 25

Anfüttern — 32

Werfen — 41

Vom Anbiß – zur Landung — 47

Materialien — 54

Angeltechniken — 82

Moderne Ködersorten — 115

Köderzubereitung — 144

Auf Karpfen im Winter — 151

Erklärende Wörterliste — 160

Vorwort

Das Karpfenfischen mit hartem Köder ist eine Entwicklung der letzten Jahre. Vor allem in England wurde die Grundlage für diesen völlig neuen Stil des Karpfenfischens geschaffen, bei dem mit allen bekannten Auffassungen gebrochen wurde.
Der Haken ist nicht länger im Köder versteckt... statt eines möglichst geringen Widerstandes wird jetzt der Widerstand geradezu hervorgerufen... die so raffiniert dünnen Schüre sind plötzlich nicht mehr wichtig... So gibt es noch mehr Punkte, in denen dieser neue Stil des Karpfenfischens in offenbarem Widerspruch mit der traditionellen Angelweise steht.
Wie so oft stößt auch diese neue Ansicht auf Mißverständnis und Widerspruch. Viele Karpfenfischer ‚alten Stiles' halten das Fischen mit Boilies für unsportlich. Was dafür der Grund auch sein mag, eines ist unbestritten: Mit der modernen Technik wird sehr gut gefangen!
Man erzielt nicht nur bessere Resultate, sondern – und das ist außerordentlich wichtig – es werden größere Karpfen gefangen als je zuvor!!
Zum ersten Mal in der Geschichte des Angelsportes wurde eine Methode entdeckt, die es ermöglicht, **selektiv** auf **kapitale Karpfen** zu fischen. Die Tatsache, daß der Karpfen Schlundzähne besitzt, womit er auch Hartes knacken kann, ist die Grundlage dieser revolutionären Methode.
Die Wiege dieser neuen Art des Karpfenfischens steht in England. Einige niederländische Karpfenfischer sind jedoch von Anfang an den Entwicklungen in England auf Schritt und Tritt gefolgt. André, Cees und Hans können auf einige Jahre Erfahrung mit harten Ködern zurückschauen. Dank ihrer regelmäßigen Kon-

takte mit englischen Karpfenfreunden wissen sie jetzt gründlich Bescheid über die Entwicklungen. Diese Kenntnisse wurden aber nicht ohne weiteres übernommen. Schließlich haben wir es mit kontinentalen Karpfen zu tun!

André, Cees und Hans haben untersucht, wie die englischen Fangtechniken der kontinentalen Situation angepaßt werden müssen. Als echte Karpfenfreunde haben diese drei Burschen in der experimentellen Phase ihre Fänge verglichen und Erfahrungen ausgetauscht. Das Resultat ist dieses Buch.

Dieses Buch ist eine Übersetzung aus dem Holländischen.

Die Sprache der Boilie-Angler ist englisch. Worte, die sich nicht ins Deutsche übersetzen ließen, wurden englisch abgedruckt. Bei holländischen Spezialausdrücken war eine Übersetzung mit einem entsprechenden deutschen Wort oftmals nicht möglich.

Im Anhang findet sich eine erklärende Wörterliste. Dort wird versucht, sämtliche im Buch enthaltenen fremdsprachlichen Ausdrücke deutsch zu definieren.

Den Haag, März 1986 / Bamberg, Februar 1987

Bearbeitung der deutschen Ausgabe:
R. u. S. Mrkwitz, Bamberg

Einführung

Die Entwicklung des Karpfenfischens ist in den letzten 10 Jahren sehr schnell gegangen.
In früheren Zeiten dachte man, der Karpfen sei ein Fisch mit einer außerordentlichen und unvergleichlichen Intelligenz. Außerdem schrieb man dem Fisch eine ungekannte Kraft zu, die man mit den Materialien von damals kaum bezwingen konnte. Dazu kommt noch, daß der Karpfen nicht so verbreitet war wie heute. Man braucht sich deshalb auch nicht zu wundern, daß nur sehr wenige Angler es für sinnvoll hielten, sich auf Karpfen zu spezialisieren. Dies galt sowohl für die Periode, in der der Angler noch auf die lange Bambusrute angewiesen war, wie für die Periode, in der das Fischen mit der Wurfrute begann.
In den siebziger Jahren – in England schon früher – wurde eine Entwicklung in Gang gesetzt, die viele Leute veranlaßte, auch einmal das Karpfenfischen zu versuchen.
Es erschien nämlich die notwendige Literatur einiger Pioniere auf dem Karpfengebiet. In diesen Veröffentlichungen wurde mit dem Gedanken abgerechnet, daß der Karpfen nicht zu fangen sei. Es wurden mehrere Techniken zur Auswahl gestellt, mit denen fast jeder ab und zu einen Karpfen fing. Neben dem Fischen mit einer Pose wurde auch die Angeltechnik mit Bißanzeigern verfeinert. Man ging dazu über, den Köder auf möglichst natürliche Weise anzubieten. Die emporgerichtete Seerute mit einem Glöckchen mußte einer durchdachten Rutenaufstellung Platz machen, wobei der Widerstand, so gering wie möglich sein sollte. Die Rute wurde im Hinblick auf eine minimale Reibung zwischen Schnur und Laufringen schräg aufgestellt (auf den Köder gerichtet). Es gab eine Menge immer leichterer Bißanzeiger. Außerdem wurden

neue Köder entwickelt für die Gewässer, in denen die konventionellen Köder wie Brot und Kartoffel keinen Erfolg mehr hatten. Das Fischen mit Teig von Schafenbix (große Pellets), Katzenfutter, Trouviet (Forellenpellets), Schweinefutter u. dgl. trug reiche Früchte an allen Fronten. Mehr und größere Karpfen als je zuvor wurden gefangen. Andererseits entstand als eine Folge dieser Entwicklung eine intensive Fischhaltung bei den Angelsportvereinen. Das Fischen auf Karpfen wurde immer populärer, und die ‚Nachfrage' der Fischer wurde beantwortet mit einer großen Menge ausgesetzter Karpfen. Auch dadurch wurde das Fischen auf Karpfen für mehr Menschen interessant. Auf diese Weise wurde im Laufe der Jahre im ganzen Land eine gute Karpfenpopulation aufgebaut. Vor allem in kleineren, geschlossenen Gewässern wurden sogar oft zuviel Karpfen ausgesetzt. Die unangenehme Folge war, daß durch die große Nahrungskonkurrenz die Karpfen im Wachstum zurückblieben. Glücklicherweise haben immer mehr Angelsportvereine eingesehen, daß das fortwährende Besetzen mit Fischen nicht immer die beste Lösung ist. Man war sogar so vernünftig, aus vielen übervölkerten Gewässern Karpfen wegzufangen, und sie an anderen Stellen wieder einzusetzen. Die Folge davon ist, daß es in vielen Gewässern heutzutage eine gesunde Karpfenpopulation gibt, die genügend Raum hat, beständig weiter zu wachsen. Jetzt gibt es da große Karpfen, und einige dieser Karpfen sind zu einem Format abgewachsen, von dem jeder Angelsportler träumt. *Kapitale Karpfen* also, und ... diese Karpfen können gefangen werden!
Durch den ziemlich großen Angeldruck der letzten Jahre sind aber auch die Karpfen ‚schlauer' geworden. Die Teigarten, die in den 70er Jahren so erfolgreich waren, bringen in vielen Fällen keinen Erfolg mehr. Mit den konventionellen Ködern wie Kartoffeln und dergleichen, braucht man bei vielen Gewässern schon gar nicht mehr anzukommen. Beim Anblick dieser Köder fliehen die Karpfen oft sofort von ihrem Platz! Außerdem hat man immer mehr bemerkt, daß Teig und Kartoffeln eine große Anziehungskraft auf andere Fische ausüben, vor allem auf die Brachsen. Viele Karpfenfischer haben ihren Angeltag frühzeitig beenden müssen, weil ein Brachsenschwarm den Futterplatz heimsuchte.

Aufgrund dieser Gewöhnungserscheinungen beim Karpfen und des Brachsenproblems ist es kein Wunder, daß eine Anzahl Pioniere nach alternativen Ködern und Angeltechniken gesucht hat. Da die Problematik, vor allem die Gewöhnungserscheinungen, in England sich früher zeigten als bei uns, ist diese Pionierarbeit in erster Linie auch in England geleistet worden. Und nicht ohne Erfolg! Allmählich entdeckte man immer wieder neue Dinge, mit denen man erfolgreich auf Karpfen fischen und gleichzeitig den Brachsen als einen unerwünschten Fisch ausschließen konnte. Manchmal geschah das durch logisches Nachdenken, in anderen Fällen half der Zufall dem experimentierenden Angler. Das eine und das andere hatte einen völlig neuen Stil des Karpfenfischens zur Folge. Einen Stil, bei dem die alten Denkweisen über die Karpfenfischerei zum größten Teil über Bord geworfen wurden und der gerade deshalb von vielen Anglern noch mit sehr viel Zurückhaltung betrachtet wird. Zu Unrecht, denn die Resultate der vergangenen Jahre haben die Wirksamkeit dieses neuen Angelstils mehr als bewiesen!

Die weichen Köder werden immer mehr Platz für Boilies und andere harte Köder, vor allem Particles machen müssen. Diese neuen Köder haben nämlich den Vorteil, daß sie dem Karpfen natürlicher vorkommen als die großen Teigbälle, und daß der Brachsen sie nicht fressen kann. Die Karpfen können sogar steinharte Köder mit ihren Schlundzähnen knacken; Brachsen und andere Weißfische können dies nicht.

Daraus ergibt sich die Tatsache, daß die neuen Köder nur von Karpfen aufgenommen werden können.

Daß diese Köder aber auf eine ganz andere Weise angeboten werden müssen, ist selbstverständlich. Würde man nämlich, wie das früher üblich war, den Haken völlig im Köder verstecken, dann könnte man beim Anhieb den Haken nicht durch den Köder hindurchtreiben. Es ist also eine andere Köderbefestigung notwendig, und man muß die traditionelle Denkweise völlig aufgeben.

Die Befürchtung, daß der Karpfen den Haken scheut, und dieser darum so gut wie möglich im Köder versteckt werden muß, hat sich als völlig unbegründet erwiesen. Bei den ersten Experimenten mit den harten Ködern zeigte sich schon bald, daß die Sichtbarkeit des Hakens den Karpfen überhaupt nicht abschreckt! Für die Befestigung der anderen Köder hat man zwei Ködermontagen erfunden. Einmal kann man das Boilie so auf den Haken stecken, daß die Hakenspitze völlig frei ist, oder man kann den harten Köder mit Hilfe eines sehr dünnen Fädchens (Haar) unter dem Haken befestigen, so daß nicht nur die Spitze, sondern der ganze Haken frei bleibt. Die Finessen dieser revolutionären Ködermontage werden in diesem Buch ausführlich behandelt.

Beim Fischen mit den leichten Ködern entsteht aber noch ein weiteres Problem. Mit einem Teigball kann man wohl ziemlich weit werfen, mit ein paar ‚Particles' jedoch, oder mit Boilies von zwei Gramm, ist das nicht möglich. Zum Fischen mit diesen Ködern gehört daher der Gebrauch von Blei. Am Anfang war man ziemlich skeptisch, aber in der Praxis zeigte sich schon bald, daß der Gebrauch von Blei noch weitere Vorteile hat.

So entdeckte man, daß die Hakenspitze von selbst in das Karpfenmaul eindringt. Wenn der Fisch nämlich den harten Köder im Maul hat, befindet sich darin auch der blanke Haken. Und wenn man nun plötzlich Widerstand auf die Schnur setzt, wenn der Karpfen mit dem Köder davonschwimmt, ist es selbstverständlich, daß die Hakenspitze leicht in das Fleisch des Karpfenmaules eindringt. Gebraucht man nun ein ausreichend schweres Blei, dann wird dieser Widerstand zusammen mit dem des Bißanzeigers gerade ausreichen, den Karpfen daran zu hindern, den Köder mit dem Haken wieder auszuspucken. Hier ist also eine zweite, vollkommen neue Idee entstanden! Wo man vor einigen Jahren noch krampfhaft versuchte, möglichst wenig Widerstand hervorzurufen, unter anderm dadurch, daß man kein Blei benutzte, gilt heutzutage der Gebrauch von schwerem Blei und damit von möglichst viel Widerstand für den davonziehenden Fisch als die beste Lösung!

Die neue Angelweise hat noch einen zweiten großen Vorteil, nämlich für das Fischen an Stellen mit Hindernissen wie Wasserlilien und Schilf. Beim traditionellen Fischen auf Karpfen empfahl man dünne Schnüre im Hinblick auf ein natürliches Köderanbieten, mit der unangenehmen Folge, daß viele kapitale Fische durch Schnurbruch verloren gingen. Beim Fischen mit dem Boilie am

Haken oder am Haar wird der Karpfen beim Abtasten des Köders kaum von einer dicken Schnur abgeschreckt werden. Ehe der Fisch Zeit hat, den Köder wieder auszuspucken, ist der Haken schon eingedrungen. Das bedeutet, daß man eine stärkere Schnur nehmen kann, ohne Fangkraft einzubüßen.

Alles in allem gesehen, bietet die neue Angelmethode viele Möglichkeiten. Sie ist dadurch charakterisiert, daß sie vor allem für das Fischen mit dem Bißanzeiger geeignet ist. Denn selbstverständlich kann man die harten Köder auch zusammen mit einer Pose für das Fischen auf kurze Distanz verwenden. Dann unterscheidet sich die Angelweise kaum von der traditionellen Posenfischerei. Natürlich bietet auch dann der harte, kleine Köder den großen Vorteil, daß er dem Fisch natürlicher vorkommt, und daß er für die kleineren Weißfischarten und den Brachsen weniger einladend ist.

Außer der Tatsache, daß auch in diesem Falle für eine freie Hakenspitze gesorgt werden muß und eventuell mit schwerem Blei gefischt werden kann – was abei konzentriertem Fischen nicht nötig ist – unterscheidet sich das Fischen mit den neuen Ködern zusammen mit der Pose kaum vom Fischen mit Teig oder Kartoffel. Die Posenfischerei hat aber ihre Beschränkung. Nur für relativ kurze Entfernung kommt die Pose in Betracht, während sicherlich an starkbefischten Gewässern oder dort, wo es viel Uferbewuchs gibt, der größte Erfolg gerade in großen Entfernungen erzielt wird. Auch für das Nachtfischen hat der Bißanzeiger gegenüber der Leuchtpose Vorzüge.

Später werden wir vor allem die Angelmethoden mit dem Bißanzeiger weiter vertiefen. Selbstverständlich steht es Ihnen frei, die verschiedenen Techniken für die Posenfischerei anzuwenden. Wenn Sie auf eine durchdachte Weise vorgehen, schadet es nicht, auch auf diesem Gebiet oft zu experimentieren. In der Vergangeheit ist schon bewiesen worden, daß gerade dort, wo man die allgemeinen Regeln durchbricht, unerwartete Resultate erreicht werden.

Außer der Tatsache, daß wieder neue Möglichkeiten geboten werden, große Karpfen auf die Schuppen zu legen, und daß wir in Zukunft von den Belästigungen der Brachsen befreit sind, bietet der neue Angelstil noch einen beachtlichen weiteren Vorteil: Da durch die neue Methode erreicht wird, daß der Karpfen sich in erster Linie selber hakt, fällt einer der kritischsten Augenblicke der traditionellen Fischerei mit Bißanzeigern weg. Man braucht nicht mehr genau den Moment des Anhiebs zu bestimmen. Wir brauchen nun nicht mehr zu warten, bis der Bißanzeiger gänzlich bis zur Rute emporgestiegen ist. Wir brauchen auch keine Angst mehr zu haben, daß wir in einem Augenblick der Unaufmerksamkeit einen schnellen Anbiß verpassen. Allerdings fällt dadurch auch ein spannender Teil der Karpfenfischerei weg. Dem gegenüber stehen wichtige Vorteile, die den einzigen Nachteil mehr als ausgleichen. Es ist nämlich nicht mehr nötig, während der ganzen Zeit konzentriert auf den Bißanzeiger zu starren. Sie können sich jetzt in aller Ruhe eine Tasse Kaffee einschenken oder eine Zigarette anstecken. Außerdem eröffnet die neue Methode die Möglichkeit, während des Fischens das Wasser aufmerksam zu beobachten. Oft wird sich dann zeigen, daß an anderer Stelle im Wasser Karpfen aktiv sind. Eine lange Sitzung, vor allem in der Nacht, ist eine leichtere Aufgabe als früher.

Last but not least, bietet der neue Stil des Karpfenfischens auch die Möglichkeit, der Natur mehr Aufmerksamkeit zu schenken. Einer der Beweggründe des Angelns war immer, zur Ruhe zu kommen und sich an der Umgebung zu erfreuen. Viele haben behauptet, daß die Entwicklung der elektronischen Bißanzeiger und der neuen Angeltechniken den Genuß der Natur beeinträchtigen würden. Das Gegenteil ist wahr! Es ist selbstverständlich, daß das Starren auf einen stillhängenden Bißanzeiger, einen weniger beruhigenden Einfluß hat, als das Beobachten der schönen Natur. Bei einem Anbiß werden Sie nun rechtzeitig und automatisch gewarnt.

Karpfengewässer

Einer der wichtigsten Faktoren beim Fischen auf große Karpfen ist selbstverständlich die Wahl des Fischwassers. Wenn Sie die Absicht haben einen Zwanzigpfünder zu fangen, ist es sinnlos, in einem Wasser zu fischen, in dem ausschließlich kleine Karpfen vorkommen. Wenn Sie dagegen lieber jeden Tag ein paar Karpfen fangen möchten, dann ist es nicht ratsam, ein Gewässer zu wählen, wo zwar ein paar Riesen schwimmen, aber die Karpfendichte so klein ist, daß Sie zwangsläufig wenig fangen. Es ist also vernünftig, den goldenen Mittelweg zu wählen, mit anderen Worten also: ein Gewässer, in dem genug Karpfen vorhanden sind und einige kapitale Fische für eine angenehme Überraschung sorgen können.
Haben Sie es aber ausschließlich auf die großen Exemplare abgesehen, dann müssen Sie das Fischwasser sehr gründlich wählen. Hier haben wir aber die angenehme Entwicklung, daß das Durchschnittsgewicht der Karpfen dank des vernünftigen Fischbesatzes der letzten Jahre zugenommen hat. So sind die Karpfen in den meisten Kulturgewässern (Parkteichen u. dgl.) schon zu ganz respektablen Exemplaren abgewachsen und in vielen Fällen sogar wirklich kapitale Burschen geworden. Und damit sind wir beim ersten Wassertyp angekommen.

Kulturgewässer

Die Park- und Kulturgewässer sind für viele Sportfischer vorzügliche Karpfengebiete, vor allem deswegen, weil sie meistens in der Nähe zu finden sind. Im allgemeinen ist die Karpfenpopulation sehr dicht. Der Nachteil aber ist, daß Sie auch unerwünsch-

ten Gästen begegnen werden, wie Hundefreunden, die sich manchmal darüber freuen, wenn ihr Tierchen zwischen den Angelruten hindurchrast, spazierenden Müttern, die das Fischen so traurig finden, und den Kindern, die alles wissen möchten über Ihre ungewöhnliche und nicht alltägliche Karpfenausrüstung. Wenn Sie aber diese Umstände in Kauf nehmen wollen, können Sie ohne Zweifel spannende Augenblicke an diesen Gewässern erleben. Selbstverständlich haben Sie am frühen Morgen oder am späten Abend weniger Schwierigkeiten. Die Kultur- und Parkgewässer sind außerdem meistens in einem optimalen Zustand. Neben der guten Wasserqualität in diesen Erholungsgebieten werden diese Gewässer immer sehr ordentlich gepflegt.
Es gibt aber trotzdem große Unterschiede zwischen Kultur- und Parkgewässern. Variierend von kleinen, geraden Ringgräben, die zwischen den Hochhäusern herlaufen, bis zu herrlichen Teichkomplexen in Parks, wo man sich manchmal weit weg von der bewohnten Welt glaubt.
Wenn man sich bei Weißfischanglern, die solche Gewässer regelmäßig besuchen, erkundigt oder wenn man in der Laichzeit einmal auf Suche geht, erhält man oft einen guten Eindruck von der vorhandenen Karpfendichte. Dabei fällt auf, daß sehr kleine Gewässer, die schon seit Jahren vergessen wurden, manchmal kräftige Karpfen beherbergen. Auch können Sie an einem sonnigen Tag, wenn Sie von einem Hügel auf das Wasser hinabschauen, einen guten Eindruck von der Karpfenpopulation erhalten. Aus der Höhe können Sie die Karpfen überraschend gut beobachten.

Polderwasser

Lieben Sie eher die Ruhe, und ist es Ihnen nicht zu mühsam, etwas weiter weg Ihre Karpfen zu fangen, dann bieten die Polderwasser ausgezeichnete Möglichkeiten. Auch dort läßt sich meistens ein hübscher Karpfen überlisten. Wenn ein aktiver Angelverein die Verwaltung des Polderwassers hat, ist ein guter Karpfenbesatz fast sicher. Das Format der Karpfen, die Sie am Haken erwarten dürfen, wechselt von Polderwasser zu Polderwasser. Angelsportvereine und Wassergenossenschaften haben vor allem

Kleine Parkteiche können erstaunlich große Karpfen behergen,...

...und auch in Stadtgräben schwimmen große Kerle!

Ein einmaliges Stückchen Polderwasser.

diese Seen vernachlässigt. Durch Absetzungen ist das Wasser in der Nähe des Grundes oft trübe, so daß große Fische wie der Karpfen nicht mehr gedeihen können. Als eine Folge der Düngung ist in vielen Seen von ernsten Verschmutzungen und Belastungen die Rede. Es gibt jedoch noch Seen mit einer anständigen Wassertiefe, wo man glänzendes Rohr und Wasserlilienfelder antreffen kann. In diesen Gewässern wird selten auf Karpfen gefischt, so daß man durchaus von einem kapitalen Fisch überrascht werden kann. Das Fischen im Polder ist aber nicht so einfach. Die Fische vertragen die Unruhe am Ufer nicht so wie ihre Genossen in den Kulturgewässern. Sobald sie Gefahr bemerken, fliehen sie.
Wegen der reinigenden Wirkung der Algen ist das Wasser im allgemeinen klarer, als in den meisten Stadtteichen. Außer der Tatsache, daß die Karpfen sowieso schon scheuer sind, sind sie auch noch besser in der Lage, verdächtige Dinge am Ufer visuell wahrzunehmen. Dazu kommt noch, daß die Ufer meistens sumpfig sind und dadurch leichter Schwingungen auf das Wasser übertragen werden. Oft noch ehe der Karpfen Sie gesehen hat, spürt er

Ihre Schritte und ist über alle Berge. Möchten Sie also im Polderwasser einen großen Fisch zum Anbeißen verlocken, dann müssen Sie auf diese Besonderheiten Rücksicht nehmen.

Sie dürfen niemals vergessen, daß Sie sich meistens auf Privatgebiet befinden. Bitten Sie also vorher um Erlaubnis. Lassen Sie keine Abfälle, die den Kühen schaden könnten, zurück. Auch keine Schnüre, die Vögel verletzen könnten. Betreten Sie auch nie einen Hof am frühen Morgen, wenn die Bauernfamilie noch schläft. Meistens gibt es da einen Hund, der dann für einen Riesenlärm sorgt.

Flüsse und Kanäle

Zwei Gewässertypen, die für das Fischen auf wirklich große Exemplare sehr geeignet sind, sind Kanäle und Flüsse. Beide Gewässer zeichnen sich durch eine große Oberfläche und durch mehrere tiefe Stellen aus. So ist die Fahrrinne im allgemeinen mindestens drei Meter tief. Und es zeigt sich, daß Karpfen in großem und tiefem Wasser zu wirklich enormer Größe heranwachsen können. Die meisten Fische zwischen dreißig und vierzig Pfund die bisher gefangen worden sind, kamen aus großen und tiefen Gewässern. Außerdem gibt es in Kanälen und Flüssen meistens eine schwache bis manchmal ziemlich starke Strömung. Diese wird in den Kanälen durch die Schiffahrt und die Schleusen verursacht. Wegen dieser Strömung muß der Fisch sich dauernd bewegen. Es überrascht also nicht, daß die Karpfen in diesen Gewässern meistens Raufbolde sind, die dem Material das Äußerste abverlangen.

Da von einem großen Wasser mit verhältnismäßig wenig Anglern die Rede ist, ist der Druck auf den Karpfen auch geringer als in abgeschlossenen Gewässern mit einer konstanten Karpfenpopulation. Der Karpfen wird sich dem Köder also weniger argwöhnisch nähern. Andererseits aber befinden sich im Wasser verhältnismäßig weniger Karpfen als in den kleinen Gewässern. Wenn Sie in einem Teich fischen, sind Sie sicher, daß in der Nähe auf jeden Fall einige Karpfen schwimmen, in einem Kanal besteht dagegen die Möglichkeit, daß in der Umgebung kein einziger

Karpfen herumstreift. Hier müssen Sie sich ein wenig gedulden! Sie müssen damit rechnen, daß während Ihres Ansitzes kein Fisch anbeißt, und daß Sie Glück haben, wenn sich an einem solchen Tag nur ein einziger Karpfen fangen läßt.

Erwarten Sie auch nicht, daß Sie nur die größeren Karpfen fangen werden. Auch in Kanälen schwimmen mehr kleine als große Exemplare. Viele Sportfischer haben in Kanälen und Flüssen frühzeitig aufgegeben, da sie nicht bescheiden genug angefangen haben. Oft mit dem Gedanken: ‚Wir werden mal ein paar Zwanzigpfünder herausschleppen'. So einfach ist es aber nicht, regelmäßig einen Karpfen von großem Format zu überlisten. Neben einer großen Portion Geduld, wird auch noch die nötige Ausdauer verlangt. Es kostet ganz einfach viel Zeit, ein paar große Exemplare von z. B. zwanzig Pfund im Jahr zu fangen. Wenn man jemandem begegnet, der jedes Jahr eine Riesenmenge großer Fische fängt, dann darf man nicht vergessen, wieviel Zeit dieser Angler brauchte, solche Resultate zu erreichen. Es ist nämlich noch niemandem gelungen, mit einem Angelabend in der Woche mehrere Zwanzigpfünder in einem Jahr zu fangen. So einfach ist die Sache nicht! Vergessen Sie auch nicht, daß viele Karpfenfans, die sich mit den größeren Fischen beschäftigen, dafür mehr als tausend Stunden pro Jahr ansitzen und manch einer sogar noch mehr. Es ist also einer nicht ehrlich, die Resultate eines Sportfischers mit wenig Angeltagen, mit denen eines Anglers, der sich tagaus tagein am Wasser befindet, zu vergleichen. Wenn Sie wenig Zeit für Ihre Liebhaberei haben, dann müssen Sie damit rechnen, daß Sie von Kanälen und Flüssen möglicherweise ohne Karpfen heimkehren.

Große Seen

Das Fischen in großen Seen ist genauso schwierig, wenn nicht noch schwieriger als in Kanälen und Flüssen. Wo man bei Kanälen und Flüssen die enorme Uferlänge, bei Kanälen dazu noch den eintönigen Charakter hat, was es so schwierig macht, den Fisch zu lokalisieren, hat man bei den großen Seen außerdem noch den enormen Abstand zur anderen Uferseite. Auch findet

man hier oft eine wechselnde Wassertiefe. Große Stücke eines Sees können zum Beispiel kaum einen Meter tief sein, während einige hundert Meter weiter die Tiefe möglicherweise zehn oder zwanzig Meter beträgt. Und wenn der Fisch sich gerade in den tiefen Teilen aufhält, und Sie mit einem Meter rechnen – oder umgekehrt – dann ist es selbstverständlich, daß Sie keine Chance haben. Zunächst müssen Sie also den Verlauf des Bodens kennenlernen. Pegeln mit Hilfe einer Schiebestange ist eine Möglichkeit, aber ziemlich umständlich und frustrierend, wenn Sie ein großes Wasser vor sich haben. Meistens ist ein Boot dann unentbehrlich, ein Tiefenmesser wohl kaum Luxus.
Während des Ruderns erhalten Sie mit dem Tiefenmesser einfach und schnell einen Eindruck von der Bodenbeschaffenheit. Diese Apparate sind aber leider zu teuer für diesen beschränkten Zweck. Vielleicht kennen Sie einen Zander- oder Seefischer, der einen Tiefenmesser besitzt und Ihnen den Apparat für einen Tag leiht. Boote sind an den großen Seen meistens zu mieten. Der Vermieter kennt die Situation oft sehr gut und kann Ihnen wertvolle Auskünfte geben. Im allgemeinen kann er Ihnen sagen, wo Sie die tiefen und die flachen Teile des Gewässers finden, und vielleicht verrät er Ihnen eine goldene Karpfenstelle. Oft ist die Uferbeschaffenheit der Seen so, daß Sie ohnehin auf ein Boot angewiesen sind, von dem Sie aus fischen müssen, oder mit dem Sie eine andere Uferstelle oder eine Insel suchen können.

Wie in Kanälen und Flüssen, schwimmen die Karpfen meistens in Gruppen herum. Die Folge davon ist, daß der größte Teil des Sees keine Karpfen beherbergt, da die Fische sich an einigen wenigen Stellen konzentrieren. Auch hier gilt also, daß Sie entweder überhaupt nichts fangen oder aber einen Schwarm treffen und einen großartigen Tag erleben.

Die Chance auf Erfolg können Sie aber mit Ihren Kenntnissen des Wassers vergrößern. Regelmäßige Beobachtung ist hier ein Haupterfordernis. Versuchen Sie zu entdecken, wo Karpfen gefangen oder verloren werden. Reden Sie mit dem Bootsvermieter oder dem Wirt, bei dem die Fischer sich treffen. Wenn Sie auf diese Weise die Schwimmroute der Karpfen erforschen können, dann können sie den Futter- und somit den Angelplatz gezielt auswählen.

Hans fing diesen prächtigen Zwanzigpfünder in großem Gewässer.

Der Angelplatz

Wenn Sie den Wassertyp gewählt haben, ist der Augenblick gekommen, sich den Angelplatz näher zu überlegen: die Bestimmung des Platzes, an dem Sie die größte Chance haben, Karpfen zu finden. Das können Sie auf verschiedene Weisen, abhängig vom Wassertyp, tun.

Karpfenlokalisierung ist in Kulturgewässern am einfachsten. Oft kann man den Platz, wo der Karpfen sich aufhält, direkt bestimmen. An sonnigen Tagen zum Beispiel treffen Sie nicht selten einen sich sonnenden Schwarm Karpfen an der Wasseroberfläche an.

Obwohl diese Fische dann meist schwierig zu fangen sind, gibt die eindeutige Anwesenheit der Karpfen jedoch Anlaß, einen Versuch zu unternehmen. Zuerst ist man geneigt, den Köder an der Oberfläche anzubieten – und dies mit Recht. An sonnigen Tagen nehmen die Karpfen gerne an der Oberfläche Futter auf. Auf jeden Fall haben sie ihre Anwesenheit verraten und es ist bestimmt der Mühe wert, gegen Abend an einem solchen Platz einen Versuch zu machen. Das kann mit treibendem Köder oder mit Boilies geschehen.

Manchmal verrät der Karpfen seine Anwesenheit durch ein Schaumbett von Blasen, die emporsteigen, wenn der Karpfen bei der Suche nach Nahrung den Schlamm umwühlt. Hier spielt die Erfahrung eine Rolle, da es neben diesen Karpfenblasen auch Gasblasen gibt, die von selbst aus dem Boden entweichen. Ein erfahrener Fischer sieht aber den Unterschied schon bald. Wenn die Blasen regelmäßig an einer anderen Stelle erscheinen, bedeutet das immer, daß sie vom suchenden Fisch verursacht werden.

Manchmal können Sie einen großen Blasenfleck wahrnehmen, der ganz plötzlich aufgestiegen ist. Diese Erscheinung weist eindeutig auf die Anwesenheit von Karpfen hin. Wenn Sie also auf diese Weise einen Karpfen aufspüren, dann wählen Sie dort für diesen Tag Ihren Platz.
Ein den Blasen ganz ähnliches Symptom für die Anwesenheit von Karpfen sind die Schlammwolken, die manchmal deutlich sichtbar sind. Auch sie weisen auf einen futtersuchenden Karpfen hin.
Schließlich ist das regelmäßige Springen aus dem Wasser ein deutlicher Hinweis. Auch in diesem Falle sollten Sie nicht zu lange zögern. Wenn der Karpfen schwimmt, bestehen die besten Möglichkeiten!
Wenn der Karpfen seine Anwesenheit nicht direkt verrät, müssen Sie Ihren Platz aufgrund anderer Überlegungen wählen. Da sich herausgestellt hat, daß sich der Fisch unter gewissen Umständen an bestimmten Stellen aufhält, können Sie Ihre Aufmerksamkeit auf diese Stellen richten. Gibt es ein für Sie neues Gewässer, dann finden sich dort immer Stellen, die wahrscheinlich auf Karpfen eine große Anziehungskraft ausüben.
In vielen Kulturgewässern sind die Teiche und Gräben oft durch Düker miteinander verbunden. Bei diesen Dükern entsteht eine leichte Strömung, durch die der Sauerstoffgehalt des Wassers etwas höher ist; die Karpfen finden dort meistens etwas mehr Nahrung. Beide Faktoren sind günstig für Karpfen, und die Düker üben dann auch meistens eine starke Anziehungskraft auf die Karpfen aus.
Für den spazierengehenden Besucher sind in Parkgewässern oft kleine Brücken angelegt worden. An den Holzpfählen wachsen Algen, die ihrerseits wieder Wasserschnecken und dergleichen anziehen. Alles Nahrung für den Karpfen. Außerdem wird von diesen Brücken oft Brot für die Enten gestreut, von dem der Karpfen gerne ein paar Stückchen nimmt.
Übers Wasser hängende Äste bilden für Karpfen einen weiteren Anziehungspunkt. Hier fühlt sich der Fisch vor der Geschäftigkeit am Ufer geschützt, während gleichzeitig die aus den Bäumen fallenden Insekten und Samenkörner Nahrung bieten.
Das Bestimmen eines Platzes im Polder ist mit dem in den Kultur-

Ein großartiger Karpfenplatz...

gewässern zu vergleichen. Das heißt, daß die Ausgangspunkte ungefähr gleich sind. Auch in den Poldergewässern begegnet man nämlich regelmäßig Dükern und selbstverständlich gilt für diese dasselbe.
Neben den Dükern wird man in den Poldern oft auf eine Poldermühle treffen, und auch dies ist ein Platz, an dem man regelmäßig Karpfen erwarten kann. Während des Wasserdurchlaufes ist die Strömung manchmal so stark, daß aus dem Boden sehr viel Nahrung aufgewühlt wird, was der Karpfen gerne hat. Blasenflecke gibt es auch im Polder und sie können auch hier zur Bestimmung des Karpfenplatzes dienen. Dasselbe gilt für die vom Karpfen verursachten Schlammwolken. Da das Polderwasser klarer und meistens flach ist, werden vor allem diese Schlammwolken oft den besten Hinweis auf die Anwesenheit von Karpfen geben. Durch das klare Wasser ist man außerdem besser imstande, die Karpfen zu sehen, vor allem an sonnigen Tagen.
Bewegungen von Wasserpflanzen sind unverkennbar ein Hinweis für die Anwesenheit von Karpfen. Wenn ein Karpfen zwischen den Wurzeln einer Wasserlilie oder Seerose nach Nahrung sucht, werden die Blätter leicht hin und her wiegen. Lilien haben lange,

biegsame Stengel, die die Bewegungen dämpfen. Rohr dagegen ist weniger biegsam. Ein im Rohr schwimmender Karpfen verursacht ein heftiges Hin und Her.

Karpfen halten sich gerne unmittelbar unter der Wasseroberfläche zwischen den Blättern eines Lilien- oder Seerosenfeldes auf. Vor allem in den Morgen- und Abendstunden können Sie manchmal sehen, wie die Lilienblätter von Karpfen, die die Schnecken darunter abweiden, hochgedrückt werden. Nicht selten verursachen sie dabei schmatzende Laute. Es schadet nicht, wenn Sie dort in der Nähe Ihr Glück einmal versuchen. Außerdem ist es manchmal überraschend leicht, die Karpfen zu einer Brotkruste oder einen Particle zu verführen, falls es gelingt, diese in der Nähe des Fischmaules zu präsentieren. Oft aber sind diese Fische so mit natürlichen Ködern beschäftigt, daß sie jeden anderen Köder ablehnen. Katzenfutter bietet in diesen Fällen noch die besten Möglichkeiten.

Manchmal trifft man in einer Wasserecke eine Menge Oberflächenverunreinigungen aus Blättern und Resten von Wasserpflanzen an, in denen sich allerhand Nahrung für den Fisch befindet. In den Kulturgewässern gibt es dazu noch Reste und Abfälle, die die Leute so gerne ins Wasser zu werfen scheinen. Obwohl mancher denkt, daß das die Fische abschreckt, scheinen sie solche Stellen besonders gerne aufzusuchen, finden sie doch dort ausreichend Nahrung.

Ein Anfänger läßt sich of dazu verleiten, einen windstillen Ort zu wählen; denn das Wasser sieht dort ja so einladend aus! Der fortgeschrittene Karpfenfan weiß besser Bescheid! Gerade die Windseite des Gewässers wird von den Karpfen besucht. Im Sommer ist das Wasser hier wärmer, da das warme Oberflächenwasser hierher getrieben wird. Durch die Wasserbewegung ist auch der Sauerstoffgehalt höher. Die Verunreinigungen, aber auch andere Nahrung, sammeln sich auf der Windseite. Bei stärkerem Wind wird außerdem von den Wellenschlägen noch Nahrung vom Boden aufgewühlt. Diese Umstände sind für den Karpfen sehr angenehm, so daß Sie Ihren Platz am besten am Windufer wählen sollten.

Schwieriger ist es, an einem Kanal nach einem geeigneten Platz

zu suchen. Dieses Gewässer hat fast immer einen eintönigen Charakter. Es ist eine langgedehnte Wasserstrecke mit straffen, steilen Ufern, an denen nur selten Pflanzen wachsen. Der Boden ist meistens ziemlich hart und das Wasser tief, so daß von Schlammwolken und Blasenflecken keine Rede ist. Das Lokalisieren von Karpfen ist daher auch viel schwieriger. Hier muß ein Platz gewählt werden, an dem aller Wahrscheinlichkeit nach die Karpfen regelmäßig vorbeikommen. Das ist unter anderem bei den Kanalbrücken der Fall. Hier befinden sich meistens die nötigen Duckdalben, die die Konstruktion vor Zusammenstößen mit Wasserfahrzeugen schützen sollen. An diesen hölzernen Duckdalben und an den Steinen oder Betonwänden im Wasser befinden sich immer eine Menge Algen und andere Nahrung für den Karpfen. Außerdem werden bei den Brücken, und vor allem bei den Eisenbahnbrücken, viele wurmähnliche Tierchen von den Schwingungen des Verkehrs dazu gebracht, immer wieder aus dem Boden herauszukriechen. Diese Erscheinung ist mit dem Umstand zu vergleichen, daß Würmer aus der Erde herauskriechen, wenn der Boden in Schwingungen versetzt wird.
Genauso wie die Vögel von diesem Herauskriechen profitieren, so ergreifen auch die Karpfen dankbar diese Gelegenheit.
In den meisten Kanälen gibt es dann und wann Muschelbänke. An diesen Stellen befinden sich fast immer Karpfen. Sie können eine solche Muschelbank leicht finden, wenn Sie das schwere Blei über den Boden hereinholen. Das kurze Schlagen des Bleis über die harten Muscheln ist dann an der Rute leicht spürbar. Nehmen Sie sich ruhig einmal einen Tag Zeit, um mit Hilfe einer steifen Rute und einer schweren Bleikugel Muschelbänke zu suchen. Die Resultate rechtfertigen den Einsatz vollständig. Rechnen Sie aber auch damit, daß Muscheln lebende Tiere sind. Sie wandern. Können Sie sich z. B. daran erinnern, daß an einem bestimmten Platz im Kanal vor einigen Jahren eine Muschelbank lag, dann bedeutet dies noch lange nicht, daß diese Muschelbank sich heute noch immer dort befindet. Es ist nicht ausgeschlossen, daß sie sich jetzt zehn oder zwanzig Meter entfernt hat.
Für die Bestimmung eines Platzes am Fluß gilt dasselbe. Nur daß ein Fluß weniger eintönig ist und oft allerlei Buchten und Pfühle

mit schlammigem Boden hat. An diesen Stellen ist es auch flacher und meistens wachsen dort Pflanzen wie Rohr und Wasserlilien. Es ist selbstverständlich, daß der Karpfen sich hier vor allem im Frühling und Sommer aufhält. Hier ist die Anwesenheit von Karpfen auch wieder deutlich wahrnehmbar. Die Wahl des Platzes am Fluß scheint also einfacher zu sein als am Kanal, aber in Wirklichkeit stimmt das nicht. Nur wenn Sie den Karpfen an den flachen Stellen sehen können, ist eine Wahl schnell getroffen. Offen ist die Frage, ob sich der Fisch in der Fahrrinne befindet, in den flachen Pfühlen zwischen den Wasserpflanzen oder am Ufer. Die Erfahrung spielt bei solchen Gewässern eben eine sehr wichtige Rolle.

Dasselbe gilt für die Platzbestimmung an einem See. Hier gibt es noch mehr Abwechslung in der Bodenbeschaffenheit, der Tiefe, der Vegetation und der Frage, wo der Karpfen sich befindet. Diese Frage ist allerdings noch schwieriger zu beantworten. Gute Kenntnisse dieser Faktoren ist ein Haupterfordernis. So sind im

André mit einem schönen Schuppenkarpfen

Sommer bei ruhigem Wetter und angenehmer Temperatur die Fische gerne an den flachen Stellen des Sees, in der Nähe von Lilienfeldern und dergleichen, zu finden. Bei rauhem Wetter mit erfrischendem Niederschlag wird sich der Karpfen wahrscheinlich in einen tieferen Teil des Wassers begeben, wo die Temperatur konstanter ist. Diese Kenntnis können Sie aber erst nutzen, wenn Sie auch wissen, wo sich die tiefen und die flachen Stellen befinden!

Wenn Sie alle diese Einflüsse bedenken und schließlich einen Platz gefunden haben, halten Sie sich dort nicht allzulange auf, wenn Sie während des Fischens an einer anderen Stelle des Gewässers Blasen wahrnehmen oder springende Karpfen sehen. Zögern Sie nicht und ziehen Sie um, wie umständlich dies auch sein mag! Tun Sie das auch, wenn die Umstände sich plötzlich ändern; wenn der Wind sich ganz unerwartet dreht, und die Temperatur sich ändert, wird der Karpfen sich verdrücken und Sie sollten das auch tun!

Es ist sehr wohl möglich, daß ein Platz, der morgens sehr produktiv war, abends keinen einzigen Karpfen mehr aufweist. Das Gegenteil kann natürlich auch der Fall sein. So wird der Karpfen in vielen Fällen am Morgen in der Sonne zu finden sein. Im Laufe des Tages wird ein Teil der Karpfen wieder abwandern, um am Ende des Tages an der anderen Uferseite so lange wie möglich die Sonne genießen zu können. Das bedeutet, daß Sie die größten Chancen haben, wenn Sie den Karpfen regelmäßig folgen oder noch besser: ihnen zuvorkommen.

Anfüttern

Über das Anfüttern mit den neuen Ködern hat man verschiedene Theorien, und es bestehen zugleich Mißverständnisse. Es ist also wichtig, diesen Theorien einige Aufmerksamkeit zu widmen. Das Füttern der Karpfen kann im Grunde eingeteilt werden in:
- das Anlegen eines Futterplatzes im voraus, und
- das Anfüttern während des Fischens.

Der Aufbau eines Futterplatzes

Über die Notwendigkeit des Aufbaus eines Futterplatzes gibt es unterschiedliche Meinungen. Mancher Karpfenfischer betrachtet das Anlegen eines guten Futterplatzes als ein Haupterfordernis für gute Resultate und beweist seine Überzeugung mit oft enormen Fängen. Andere dagegen behaupten, daß Futterkampagnen wenig nützen und zeigen Resultate, die genauso beeindruckend sind. Wer hat nun recht?
Wenn Sie zum ersten Mal mit Boilies fischen, dann präsentieren Sie dem Karpfen einen Köder, der sich wesentlich von dem Köder, den Sie früher gebrauchten, unterscheidet. Statt weicher Teig- und Kartoffelbälle setzen Sie dem Karpfen jetzt nämlich steinharte kleine Murmeln vor. Wurde an dem betreffenden Gewässer schon vorher mit Boilies gefischt, dann wird es beim Gebrauch dieses Köders nicht allzuviel Probleme geben. Die Karpfen haben sich schon an den härteren Köder gewöhnt, und die Härte wird den Fisch nicht mehr abschrecken. Wenn Sie aber der erste sind, der dort mit Boilies fischt, dann liegt die Sache ganz anders.
Vom Gewässertyp wird es nun abhängen, wie Sie handeln müssen. Der Karpfen ist im Wasser nämlich vor allem auf natürliche

Nahrung angewiesen. Besteht diese natürliche Nahrung hauptsächlich aus harten Schnecken und Muscheln, dann kennt der Karpfen von sich aus schon harte Nahrung, so daß die Boilies für ihn nichts völlig Neues sind.

Besteht das Menü der Karpfen aber vor allem aus weicher Nahrung, zum Beispiel in stark befischten Gewässern, wo noch nicht mit harten Ködern gefischt wurde, und wo das ins Wasser gestreute Futter (vor allem für den Weißfisch bestimmt) ein wichtiger Teil des Nahrungsangebotes ist, dann ist es meistens notwendig, die Karpfen mittels einer aufgebauten Futterkampagne an diese harten Köder zu gewöhnen. Es empfiehlt sich, während einiger Wochen jeden zweiten Tag an Ihrem Platz einige Boilies zu füttern. Wieviel Sie füttern, hängt völlig vom Wasser und von der Anzahl Karpfen, die Ihr Wasser bevölkern, ab. In einem kleinen Pfuhl mit nur wenig Fischen genügen meistens dreißig Boilies.

Befischen Sie aber ein großes Gewässer, und erwarten Sie in der Nähe regelmäßig Karpfen, dann sind hundert oder zweihundert Boilies bestimmt nicht übertrieben. Denken Sie daran, daß zweihundert Boilies von zwei bis drei Gramm ebensoviel Nahrung bedeuten wie zehn Teigbälle von vierzig bis sechzig Gramm. Eine allgemeine Richtlinie kann man also kaum aufstellen.

Es ist wahrscheinlich, daß ein bestimmtes Boilie länger seine Fangkraft behält, wenn es erst eine Zeit gefüttert wurde, ohne daß damit gefischt worden ist. Nehmen Sie an, daß ein Karpfen zum ersten Mal Ihrem Boilie mit Erdbeergeruch begegnet. Der Fisch, der von sich aus neugierig ist, wird die Murmel untersuchen und dann vorsichtig kosten. Wenn sie ihm gefällt, wird er danach auch die anderen Boilies probieren, allerdings immer noch mit einigem Argwohn. Dieser Fisch könnte also gefangen werden, wenn eines dieser Boilies einen Haken enthalten würde. Der Karpfen rechnet aber mit Gefahr, da dieser Köder für ihn eine ganz neue Erfahrung ist.

Macht er nun bei der ersten Bekanntschaft mit dem Boilie gleich eine schlechte Erfahrung und wird gehakt, dann wird er in Zukunft Erbeerboilies mit Gefahr in Verbindung bringen. Ist dieser Fisch aber Ihren Boilies über längere Zeit oder täglich begegnet, hat er, nachdem er sie am Anfang vorsichtig aufgenommen hat, jetzt allen Argwohn verloren und frißt ein Boilie nach dem anderen. Er erwartet keine Gefahr mehr. Wird der Fisch in dieser Phase gefangen, dann wird er diese unangenehme Erfahrung nicht sofort mit Ihren Boilies in Verbindung bringen. Die hat er ja schon längere Zeit ohne unerfreuliche Folgen gefressen. Es besteht die Chance, daß dieser Fisch ein zweites Mal wieder von Ihren Boilies fressen wird und noch einmal gefangen werden kann, bevor er bei Boilies an Gefahr denkt.

Da eine Futterkampagne den Sinn haben soll, den Fisch an den Köder zu gewöhnen, ist es auch möglich, mit Hilfe des Fütterns den Fisch dazu zu bringen, einen bestimmten Platz – Ihren Futterplatz also – regelmäßig zu besuchen. Das Futter dient dann dazu, den Fisch an einen bestimmten Platz zu binden, so daß sich dort wahrscheinlich Karpfen aufhalten, wenn Sie fischen möchten. Auch diese Überlegung kann Sie dazu bringen, ein paar Tage lang vor Ihrem Angeltag einen Futterplatz aufzubauen. Diese Auffassung hat also nichts zu tun mit der Gewöhnung an den Köder und auch nichts mit der Härte oder dem Geruch. Auch mit Kartoffeln konnte man ja zunächst ein paar Tage füttern, um den Fisch an den gewünschten Platz zu locken. Man beabsichtigte damit auch nicht, die Fische an den Köder zu gewöhnen, denn Kartoffeln fraßen sie ja schon. Mit Boilies kann man auch so verfahren.

An den meisten Gewässern wurde schon mit Boilies gefischt, so daß auch Sie ohne vorhergehendes Anfüttern erfolgreich fischen können. Möchten Sie aber doch erst ein paar Tage oder Wochen im voraus füttern, rechnen Sie dann bei kleineren Gewässern auch mit dem Umstand, daß möglicherweise auch andere Karpfenfischer einen Futterplatz unterhalten. Nehmen wir an, daß Ihrem Gefühl nach hundert Boilies pro Abend für die vorhandenen Karpfen genügen. Wenn es noch zwei Karpfenfischer gibt, die es zufälligerweise auf die gleichen Karpfen abgesehen haben und auch jeden Abend hundert Boilies streuen, dann könnte das des Guten zuviel sein. Die Folge wäre, daß Sie möglicherweise nichts fangen und die anderen Fischer auch nicht.

Eine andere Theorie, über die jedoch verschiedene Auffassungen bestehen, ist die des sogenannten ‚Pyramiden-Aufbaus'. Aus dem

Der Achtundzwanzigpfünder von Hans, das Resultat eines gut aufgebauten Futterplatzes

Daß eine umfangreiche Futterkampagne nicht immer nötig ist, bewies Cees mit diesem Dreißigpfünder!

Titel dieses Buches wird deutlich, daß wir vor allem an ‚Zwanzigpluspfündern' interessiert sind. Wenn Sie die Härte des Köders beeinflussen, können Sie bis zu einem gewissen Grad schon selektiv fischen. ‚Je härter der Köder, desto größer der Fisch'. Dies ist keine feste Regel, wird jedoch in der Praxis oft bestätigt, da bei einem kleinen Karpfen das Maul noch sehr klein ist und die Schlundzähne sich noch nicht so weit entwickelt haben, um in der Lage zu sein, harte Boilies zu knacken. Daß mit steinharten Boilies auch einmal kleinere Exemplare gefangen werden kommt daher, daß diese kleinen Fische mit dem Köder spielen, ohne daß sie ihn zwischen den Schlundzähnen knacken. Sie ergreifen ihn, schwimmen damit ein paar Meter weg und spucken ihn wieder aus. Wenn ein solch Kleiner das Boilie am Haken ergreift, kann er sich, vor allem bei einem kurzen Haar, auch selbst haken. Wenn Sie nun steinharte Boilies wochenlang füttern, bevor Sie wirklich fischen, haben Sie eine echte Chance, daß durch den ‚Pyramiden-Effekt' nur wenige kapitale Fische am Futterplatz übriggeblieben sind. Natürlich hat diese Taktik nur Sinn in einem Gewässer, von dem Sie ganz sicher wissen, daß kapitale Fische vorhanden sind.

Was ist mit diesem ‚Pyramiden-Aufbau' nun gemeint? Eine Pyramide hat eine breite Basis und eine Spitze. Wenn Sie gerade mit dem Anlegen eines Futterplatzes angefangen haben, können sie die Situation mit der Basis einer Pyramide vergleichen: Am Futterplatz sind viele Karpfen, wobei vor allem die kleineren Exemplare überwiegen. Wenn Sie aber längere Zeit füttern, wird die Situation sich ändern. Die hochwertige Nahrung wird von den Karpfen dankbar angenommen. Wenn nicht sofort gefischt wird, schenken die Karpfen diesen harten Kügelchen ihr Vertrauen. Der Argwohn nimmt jeden Tag weiter ab. Immer mehr Karpfen werden den Weg zu dieser kostenlosen und schmackhaften Bewirtung finden. So viele, daß die größeren Karpfen die Konkurrenz der kleineren Exemplare nicht länger vertragen und diese verjagen. Es entsteht also eine andere Situation. Sie nähern sich der Spitze der Pyramide: Weniger aber größere Karpfen. Sie fischen noch immer nicht, aber Sie füttern hartnäckig weiter. Noch größere Karpfen entdecken den Futterplatz und werden jedesmal die kleineren vertreiben. Erst wenn die Spitze der Pyramide erreicht ist, werden Sie mit weichen Knien das erste Boilie an einem Haken ins Wasser lassen.

Wählen Sie Ihren Platz sorgfältig und sorgen Sie vor allem dafür, daß Sie ungesehen füttern, so daß andere Karpfenfischer den ‚Pyramiden-Effekt' nicht stören, und dort früher als Sie fischen! Nichts hindert Sie natürlich, auf diese Weise zwei oder mehr ‚Pyramiden-Plätze' zu unterhalten.

Anfüttern während des Fischens

Während des Fischens ist es in fast allen Fällen empfehlenswert, neben dem echten Köder auch ein paar lose Boilies ins Wasser zu werfen. Ein einziges Boilie an Ihrem Haken fällt nämlich im Wasser kaum auf, und ein oder zwei ‚Particles' ebensowenig. Es ist darum besser, an jeder Stelle, an der Sie einen Haken ausgeworfen haben, etwas anzufüttern. Als Richtlinie können Sie annehmen, daß Sie pro Angelrute ungefähr fünf bis fünfzehn Boilies streuen, abhängig von der Größe des Wassers und der Menge Karpfen. Angeln Sie mit ‚Particles', werfen Sie pro Rute ein oder zwei Handvoll extra um Ihren Köder herum.

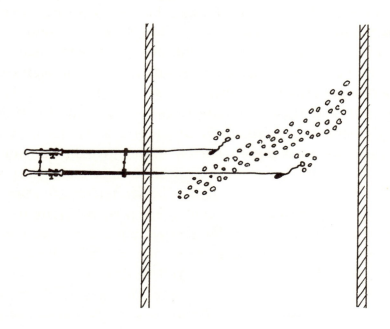

Viele Fischer meinen, zusätzlich anfüttern zu müssen, wenn sie längere Zeit keinen Biß hatten. Das ist aber ein großer Fehler. Die Tatsache nämlich, daß kein Karpfen anbeißt bedeutet, daß der Fisch nicht interessiert ist. Mit noch mehr Nahrung wird die Menge immer größer, obwohl der Karpfen nicht hungrig ist. Wenn der Karpfen dann endlich ein paar Boilies aufnimmt, ist die Chance für Ihr Boilie sehr gering geworden. Anfüttern soll man nur dann, wenn deutlich ist, daß der Karpfen Hunger hat, zum Beispiel, wenn Sie einen Fisch fangen oder verlieren, oder wenn Sie auf eine andere Weise sehen können, daß der Karpfen aktiv ist.

Wenn Sie an einem schmalen Kanal oder an einem anderen langgedehnten Gewässer fischen ist es ratsam, eine lange schräge Futterbahn zur anderen Uferseite anzulegen. Ein passierender Fisch begegnet dem Futter auf jeden Fall. Die Möglichkeit, daß er vorbeischwimmt, ohne den Futterplatz zu bemerken, ist fast ausgeschlossen. Sie werfen dann Ihre Köder an zwei verschiedenen Stellen auf diese Futterbahn. In der Praxis hat diese Anfütterungsweise ihren Erfolg bewiesen.

Beim Anfüttern in kurzem Abstand (in der Nacht brauchen Sie meistens nicht weit draußen zu fischen) können Sie die Boilies mit der Hand werfen. Sehr weit kommen Sie auf die Weise aber nicht, so daß Sie, wenn Sie weiter draußen fischen möchten, ein Hilfsmittel benutzen müssen. Zunächst kommen die Katapulte in Betracht. Seit kurzem ist dieses Zubehör in Holland gesetzlich verboten. In den meisten Fällen sieht das wachende Auge der Polizei über den Gebrauch eines Katapultes für friedliche Zwecke glücklicherweise hinweg. Befürchten Sie aber doch Probleme, dann können Sie besser einen ‚throwingstick' benutzen.

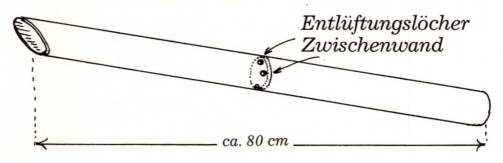

Dieses aus England stammende Hilfsmittel, das wörtlich übersetzt ‚Wurfstock' bedeutet, können Sie in einem Spezialgeschäft für Angelsportartikel kaufen. Sie können einen solchen Wurfstock aber auch ganz einfach selber anfertigen. Nehmen Sie ein Stück Rohr von etwa achtzig Zentimetern Länge und einem Durchmesser von ca. 5 cm. An einer Seite sägen Sie das Rohr schräg ab und lassen es offen, an der anderen Seite machen Sie das Rohr zu. Etwas unterhalb der Mitte bringen Sie noch eine Zwischenwand an. An der offenen Seite füllen Sie das Rohr mit Boilies, die dann mit einem Schwung plaziert werden. Der Apparat erfordert wohl einiges Training, aber mit zunehmender Erfahrung steht er an Präzision und Wurfweite den Katapulten nicht nach. Wenn mit dem Wurfstock Particles geworfen werden sollen, müssen Sie über der Zwischenwand in der Mitte einige kleine Löcher bohren. Wenn Sie das nicht tun, dann wird von den Particles während des Wurfes ein Vakuum erzeugt und die zu erzielende Wurfweite nimmt stark ab.

An vielen englischen Gewässern ist zu beobachten, daß Wasservögel auf den Schall der Katapulte zukommen. Sie lernen bald, daß dieser Schall etwas mit Boilies zu tun hat, die dann sofort von den Wasservögeln und vor allem von den Wasserhühnern aufgetaucht und gefressen werden. Um das zu vermeiden, werfen Sie den Köder besser mit einem Wurfstock als mit einem Katapult. Obwohl diese Erscheinung in unserer Umgebung noch kaum auftritt, ist sie wohl für die Zukunft zu erwarten.

Für Particles können Sie auch eine einfache Sandschaufel benutzen. Legen Sie eine Handvoll Particles auf die Schaufel und werfen Sie mit viel Schwung. Auf diese Weise können sie zwar nicht so weit draußen anfüttern wie mit einem Katapult oder mit einem Wurfstock, aber doch bedeutend weiter als mit der Hand. Sie müssen sowieso damit rechnen, daß das Füttern mit Particles in großem Abstand nicht gut möglich ist, es sei denn, sie besitzen ein Boot, mit dem Sie weit draußen einen Futterplatz anlegen können.

Es gibt aber noch ein anderes Hilfsmittel, mit dem Sie aus großem Abstand Particles und Boilies füttern können: PVA = Polyvinylalkohol. Ein Produkt, das die Eigenschaft besitzt, sich im Wasser

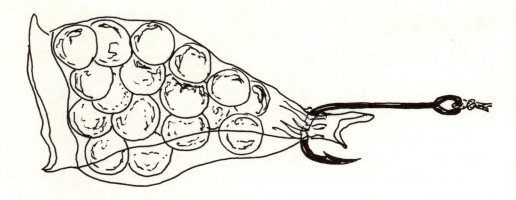

aufzulösen. Außerdem hat das PVA weiter alle Eigenschaften von weichem Plastik. Das Produkt kann man in Form von Säcken und in Form eines geflochtenen Stranges kaufen. Mit Hilfe dieses Materials können Sie auf eine unauffällige Art und Weise einen konzentrierten Futterplatz anlegen, indem Sie ein solches PVA-Säckchen, gefüllt mit Boilies oder Particles am Haken befestigen und das Ganze mit der Rute an die Angelstelle werfen.
Wenn Sie einen Augenblick warten, ist das PVA aufgelöst, und Sie können den blanken Haken wieder einholen für das nächste Säckchen. Es lohnt sich, zu Hause in einem Gefäß einmal zu untersuchen, wie lange der Auflösungsprozeß des Materials dauert. Dann wissen Sie am Wasser genau, wie lange Sie zu warten haben. Mit dem PVA in Strangform kann man während des Fischens mehrere Boilies am Haar befestigen. Darüber mehr bei der Besprechung der verschiedenen Haar-Methoden.

Werfen

Das Werfen ist eine von vielen Karpfenfischern unterschätzte Angelegenheit. Es hat natürlich wenig Sinn zu versuchen, den Karpfen durch gezieltes Anfüttern zu einer bestimmten Stelle zu locken und dann durch eine mangelhafte Wurftechnik diese nicht genau zu erreichen. Nicht selten können sie am Ufer Karpfenfischer antreffen, die verzweifelte Versuche machen, ihren Futterplatz zu erreichen, den sie mit Hilfe eines Katapultes in einer Entfernung von achtzig bis hundert Metern angelegt haben. Oft endet es damit, daß sie den Abstand nicht überbrücken können und deshalb zehn Meter entfernt vom Futterplatz fischen. Und ist es Ihnen noch nie passiert, daß ein Karpfen von enormer Abmessung sich wiederholt in vollem Glanz aus dem Wasser erhebt, klatschend zurückfällt, und es Ihnen nicht gelingt, den Karpfen zu erreichen, weil die Entfernung zu groß ist?
Aber nicht nur die großen Abstände sind ein Problem. Auch bei kleineren Abständen ist es oft sehr schwierig, den Köder an der richtigen Stelle zu deponieren. Schnurstücke mit Haken, die regelmäßig in überhängenden Sträuchern und Ästen zu finden sind, sind stille Zeugen vieler mißlungener Wurfversuche. Geplant war, gerade an einem schönen Versteck entlang zu werfen, aber es endete ein bißchen zu hoch und zu weit.
Es ist deshalb angebracht, daß Sie Ihre Wurftechnik einmal kritisch unter die Lupe nehmen und die Fehler ausmerzen, z. B. dadurch, daß Sie auf einer Grasfläche, mit einer Zeitung als Ziel, üben. Eine bessere Wurftechnik ergibt auf die Dauer mehr Fische. Bei den konventionellen Ködern und bei einem weiten Wurf ist es sehr schwierig, den Köder am Haken zu behalten. Nicht umsonst

wurden mehrere Kunstgriffe gefunden, die vermeiden sollen, daß der weiche Köder während des Wurfs vom Haken fliegt. Wir alle kennen den Grashalm in der Krümmung des Hakens und auch das Saugröhrchen, das das Einschneiden der Schnur in den Köder verhindern soll. Bei den neuen Ködern aber gibt es dieses Problem nicht. Diese Köder sind so hart, daß sie sogar bei einem Wurf von hundert Metern nicht vom Haken fliegen. Außerdem wird mit schwerem Blei gefischt. Beide Faktoren – harter Köder und schweres Blei – sorgen dafür, daß das Werfen gegenüber den traditionellen Systemen jetzt viel einfacher geworden ist.
Das Gewicht des Bleies kann dem Wurfabstand angepaßt werden. Man kann dabei an ein Wirbelbei von 30 bis 80 Gramm denken, abhängig vom Wurfabstand, der Schnurstärke, dem Wurfgewicht der Angelrute und der Wurftechnik des Fischers. Für große Entfernungen ist es wichtig, daß die Spule gut gefüllt ist.

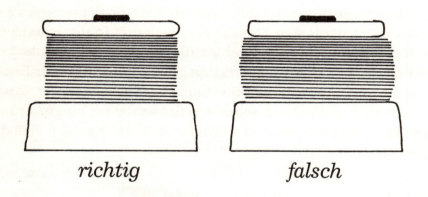

richtig *falsch*

Wenn Sie trotzdem die gewünschte Weite nicht erreichen können, dann müssen Sie mit einer dünneren Schnur mit Vorfach fischen. Folgender Aufbau ist empfehlenswert: Zunächst das Vorfach mit einer Zugstärke, die ungefähr der der Hauptschnur gleich ist. Fischen Sie zum Beispiel mit einer Hauptschnur von 24/00, dann verwenden Sie ein Vorfach, das damit übereinstimmt. Am Vorfach befestigen Sie einen „Shockleader", der dick genug ist, um das Gewicht werfen zu können. Wenn Sie zum Beispiel 80 Gramm werfen wollen, und Sie haben die Erfahrung gemacht, daß bei diesem Gewicht mit 35/00 nie ein Schnurbruch auftritt, befestigen Sie das Bleigewicht an einem Shockleader von 35/00 und einer Länge, die gut der zweifachen Rutenlänge entspricht, mindestens aber so lang ist, daß während des Wurfes noch einige Klänge des Shockleaders auf der Spule bleiben. Den Shockleader befestigen Sie an der Hauptschnur. Hierzu ist der Uniknoten geeignet; er sorgt für eine feste Verbindung. Der Shockleader wird die Kraft des Wurfes auffangen.

Universalknoten

Die Aktion der Rute muß selbstverständlich hoch genug sein, um das Gewicht werfen zu können. Das bedeutet in der Praxis, daß die Rute eigentlich zu schwer ist für die dünnere Hauptschnur. Aber da der Drill des Karpfens sich größtenteils in großer Entfernung abspielt, profitieren Sie von der Elastizität der langen Schnur; dadurch kommt selten ein Schnurbruch vor. Allerdings muß sehr vorsichtig gedrillt werden, wenn der Karpfen sich dem Ufer nähert!

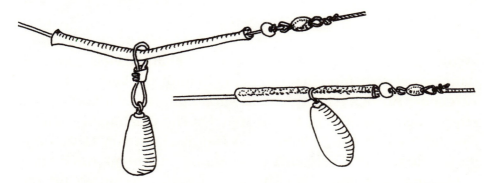

Ein Problem beim Weitwurf mit schwerem Blei und kleinem Köder ist, daß sich das Vorfach verheddern kann. Sie können dieses Problem zum größten Teil lösen, indem Sie den Abstand zwischen Blei und Haken so klein wie möglich halten. Weiterhin können Sie auch einen Abstandhalter oder einen Silikonschlauch benutzen.

Sowohl beim Fischen mit langem wie mit kurzem Abstand ist es ratsam, die Schnur allmählich abzubremsen, bevor das Blei das Wasser erreicht. Dadurch kommen Vorfach und Hauptschnur gestreckt ins Wasser und Sie vermeiden, daß Blei und Köder an der gleichen Stelle das Wasser erreichen. Die Gefahr, daß sich die Schnur beim Werfen verheddert, wird somit geringer. Beim Fischen in kurzem Abstand ist der Gebrauch eines Abstandhalters nicht nötig. In der Praxis zeigt sich, daß die Befestigung des Bleies an einem „ledger link bead" (s. unter „Materialien") genügt.

Ein glänzender Zwanzigpfünder – in sehr großer Entfernung gefangen.

Eine richtige Bleimontage mit dem „ledger link bead"

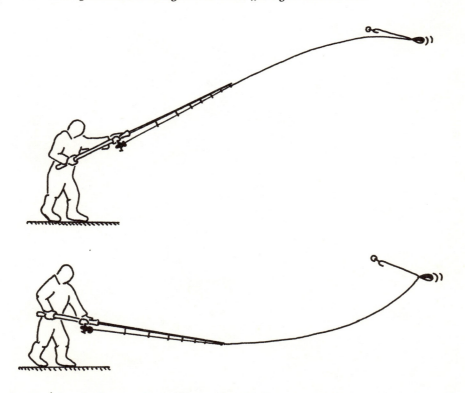

Bei hochgehaltener Rute kann der Haken in die Schnur geraten. Bei niedrig gehaltener Rute ist diese Gefahr viel geringer!

Obwohl der Unterhandwurf sich am besten für kurze Entfernungen eignet, ergibt er oft eine verhedderte Schnur. Besser ist hier der Überhandwurf. Wenn Sie, bevor das Blei das Wasser erreicht, den Zeigefinger gegen den Spulenrand drücken, wird der Köder weiter als das Blei geworfen. Bei diesem Wurf hilft es außerdem, sofort nach dem Wurf die Rutenspitze zu senken, damit der Haken sich nicht um die Schnur windet.

Vom Anbiß – zur Landung

Anbiß und Anhieb

Beim Fischen mit den neuen Systemen können Sie ein ganz anderes Bißverhalten erwarten als bei der konventionellen Methode. Verwenden Sie zum Beispiel Kartoffeln oder Teig, dann wird der Anbiß oft auf die folgende Weise stattfinden: Zunächst meldet sich der Karpfen mit einigen kurzen Stößen am Bißanzeiger, die bedeuten, daß der Fisch den Köder gefunden hat und ihn ruhig untersucht. Der Karpfen nimmt den Köder wiederholt zwischen die Lippen und spuckt ihn wieder aus. Wenn er den Köder akzeptiert und trotz des Argwohns nicht bemerkt, daß er nicht frei am Boden liegt, wird er ihn festentschlossen ins Maul nehmen und wegschwimmen. Das Resultat ist dann das Hochgehen des Bißanzeigers, ganz langsam oder blitzschnell.
Wenn wir mit dem kleinen, harten Köder fischen, entsteht eine ganz andere Situation und also auch ein anderes Bißmodell. Der Karpfen, der erfahrungsgemäß bemerkt hat, daß der Köder hart ist, saugt die harten Kügelchen eines nach dem anderen auf und transportiert sie sofort zu den Schlundzähnen. So nimmt er auch Ihren Köder. Wenn er dann spürt, daß etwas nicht in Ordnung ist, will er schnell wegschwimmen, und bevor er den Köder ausspukken kann, wird der Haken schon in das Fleisch des Maules gezogen. Der Fisch flieht in Panik. Es ist selbstverständlich, daß diese Unterwassergeschichte sich in einem schnellen Biß verdeutlicht. Es ist darum besonders wichtig, daß Sie mit offenem Bügel fischen, damit der Karpfen die Möglichkeit hat frei zu fliehen,

25 Pfund massive Kraft...

bevor Sie den Anhieb setzen. Haben Sie nämlich den Bügel nicht geöffnet, dann besteht durchaus die Gefahr, daß Sie, wenn Sie ruhig auf den Bißanzeiger schauen, diesen plötzlich hochkommen sehen und feststellen müssen, daß Ihre Rute dem Karpfen gefolgt ist.

Eine andere Möglichkeit ist, mit geschlossenem Bügel zu fischen, die Rücklaufsperre der Rolle aber nicht einzustellen. Hier besteht die Gefahr, daß bei einem schnellen Biß die Rolle durchgeht, die Schnur sich verheddert oder sich um die Rolle schlägt, was schlimme Folgen haben kann. Sicherer ist es also, mit geöffnetem Bügel zu fischen.

Nach dem Anbiß folgt selbstverständlich der Anhieb. Mit einer Kartoffel fischend, ist der richtige Zeitpunkt ein großes Problem. Gerade wenn der Bißanzeiger den höchsten Punkt erreicht hat und die Schnur gespannt ist, greifen Sie zu. Bei der neuen Methode brauchen Sie sich um den Zeitpunkt des Anhiebs nicht mehr zu kümmern. Im Grunde hat der Karpfen sich schon gehakt, und der Haken muß nur noch gut eindringen. Wenn Sie einen solchen raschen Anbiß haben, springen Sie nicht nervös auf, sondern bleiben Sie ruhig und beherrscht. Sie brauchen sich nicht vor einer zu späten Reaktion zu fürchten. Mancher Fischer faßt das als einen Freibrief zum Herumstreifen am Ufer auf und entfernt sich so weit wie möglich von den Ruten. Obwohl dies in der Tat möglich ist, liegt darin natürlich eine große Gefahr. Der Karpfen hat dann nämlich viel Zeit, kann fliehen und sich vielleicht befreien, bevor der ‚Sportfischer' wieder da ist. Außerdem hat der Karpfen sich zwar selber gehakt, aber nicht bis zum Widerhaken und kann sich noch lösen. Also einfach in der Nähe der Ruten bleiben!

Der Anhieb selber erfolgt mit weniger Kraft als beim Fischen mit Haken und konventionellem Köder. Sie brauchen den Haken nicht mehr durch den Köder zu ziehen, er liegt ja frei. Sie müssen aber auch damit rechnen, daß der Karpfen schon richtig in Fahrt gekommen ist. Meistens genügt ein ruhiges Heben der Rute, um den Haken bis zum Widerhaken einzutreiben. Beim zu schnellen Anhieb besteht nämlich die Gefahr, daß die Kraft der Rute zusammen mit der des flüchtenden Fisches zum Schnurbruch führt. Auch der Abstand ist wesentlich. Wenn Sie weit entfernt fischen, spielt auch die stoßdämpfende Elastizität der Schnur eine Rolle. In diesem Fall ist ein kräftiger Anhieb nicht so schlimm. Je näher sie aber fischen, desto vorsichtiger müssen Sie sein.

Drill und Landung

Wenn Sie in offenem Gewässer fischen, ist es wahrscheinlich möglich, den Karpfen zu drillen, ohne daß Sie den Platz viel stören. Nach dem Anhieb sollten Sie dann am besten nicht zu starken Druck auf den Karpfen ausüben, damit er Gelegenheit hat, vom Platz wegzuschwimmen. Wenn er weit genug entfernt ist, können Sie mit dem eigentlichen Drill beginnen. Auf diese Weise ist es oft möglich, die anderen Karpfen in der Nähe nicht zu stören. Meist werden sie nicht bemerken, daß einer ihrer Genossen in Panik geflohen ist, und Sie vergrößern Ihre Chance, kurz nach dem Fang schon wieder einen Anbiß zu haben. Der Fang Ihres

Fisches bedeutet ja, daß es wahrscheinlich in der näheren Umgebung noch andere Karpfen gibt.

Natürlich gilt diese Taktik nicht, wenn sich in der Nähe ein Hindernis befindet. Dann ist es wichtig, sofort vollen Druck auf den Fisch auszuüben, damit er vom Hindernis wegbleibt. Meistens entsteht hierbei so viel Unruhe, daß auch alle anderen Fische von diesem Platz wegschwimmen werden.

Im allgemeinen benutzen Sie kleinere Haken als bei der konventionellen Angelweise. Obwohl kleine Haken meist besser eindringen, reißen sie aber auch leichter aus. Je kleiner der Haken ist, umso vorsichtiger müssen Sie mit der Kraft umgehen. Befindet sich der Fisch im offenen Wasser, dann sollten Sie nicht zu starken Druck ausüben. Selbstverständlich dürfen Sie dem Karpfen aber auch nicht zu viel Freiheit geben. Ihr Ziel ist es ja, den Karpfen zu ermatten, und dies darf keine langwährende Aufgabe sein. Um den Karpfen in angemessener Zeit ins Netz zu bekommen, müssen Sie natürlich dauernd Druck auf ihn ausüben. Es ist also wichtig, nach dem goldenen Mittelweg zu suchen, und die Praxis ist dabei der beste Lehrmeister. Verlieren Sie zu viele Fische, dann drillen Sie wahrscheinlich zu stark. Verlieren Sie selten einen Karpfen, sind aber nach dem Drill selbst erschöpft, weil er zu lange dauerte, dann ist es ratsam in Zukunft den Drill zu forcieren und mehr Druck auszuüben.

Wenn Sie in sehr schwierigen Gewässern mit vielen Hindernissen fischen, dann müssen Sie natürlich auch das Material und die Drilltaktik der Situation anpassen. Fürchten Sie sich nicht vor einer schwereren Schnur, wenn die Situation es erfordert. Zwischen Pfählen oder Wasserlilienfeldern fischend ist 30/00 ein guter Durchmesser. Manchmal ist sogar 35/00 noch besser.

Unter solchen Umständen sollten Sie am besten nicht mit einem Stopper hinter dem schweren Blei fischen, sondern dafür sorgen, daß die Schnur frei über das Blei gleiten kann. Der Schlag, der dafür sorgen muß, daß der Karpfen sich selber hakt, muß dann mit Hilfe einer Schnurklemme verwirklicht werden. Auf diese Weise besteht weniger Gefahr, daß Sie den Karpfen verlieren, falls das Blei sich in Hindernissen verheddern sollte. Kann die Schnur frei über das Blei gleiten, so kann auch der Karpfen unbe-

Warten Sie bis der Fisch erschöpft ist ...

... ehe Sie ihn vorsichtig ins Netz ziehen!

hindert abziehen. Wenn aber das Blei von einem Stopper gehemmt wird, hindert dies auch den Karpfen am Wegschwimmen, falls das Blei sich verheddert hat. Die volle Kraft des kämpfenden Fisches richtet sich dann auf das kurze Schnurende zwischen Blei und Haken. Meistens ist dann die Folge, daß die Schnur reißt, oder der Haken herausreißt. Auf jeden Fall ist der Fisch weg.
Wenn Sie in ziemlich kurzer Entfernung in Wasser mit vielen Linien und Seerosen fischen, ist es wichtig, daß Sie den Fisch so hoch wie nur möglich halten. Wenn Sie in einem sehr dichten Lilien- oder Seerosenfeld fischen und einen Karpfen haken, ist es meistens möglich zu verhindern, daß der Fisch sich festschwimmt, wenn Sie ihn gerade unter der Wasseroberfläche halten. Durch den breiten Körper wird das Feld sich von selber öffnen.
Unter diesen Umständen erweist es sich als günstig, daß es bei schwereren und dickeren Fischen leichter zu verhindern ist, daß sie sich festschwimmen. Wenn Sie ihn höher im Wasser halten, haben Sie weniger Schnur im Wasser und dadurch hat der Fisch keine Möglichkeit sich festzusetzen.
Sitzt der Karpfen trotzdem einmal fest, dann sollten Sie vor allem nicht mit Panik reagieren. Rohe Kraft bringt meistens nichts. Besser ist es, ruhig zu bleiben und dem Fisch Gelegenheit zu geben, sich freizuschwimmen. Vermindern Sie den Druck auf die Schnur! Rohe Gewalt ist immer noch möglich, wenn aus allen anderen Versuchen nichts geworden ist.
Auf jeden Fall ist beim Fischen im hindernisreichem Wasser nicht nur kräftiges Material wichtig, sondern auch Ruhe und Besonnenheit. Machen Sie sich, ehe Sie an einem schwierigen Platz fischen wollen, Gedanken über die zu erwartenden Probleme im Drill. Denken Sie auch jetzt schon darüber nach, wie Sie in diesen Fällen reagieren müssen. Ein in aller Ruhe durchdachter Plan wird dann sicher ein besseres Resultat ergeben als eine panische Entscheidung, während Sie mit schlotternden Knien an einer krummen Angelrute hängen.
Bei der Landung des Fisches dürfen Sie nichts übereilen. Der Fisch muß wirklich gut ausgedrillt sein, so daß er ruhig über den

Rand des Netzes gezogen werden kann. Mit dem Kescher an den noch nicht ausgekämpften Karpfen heranzugehen, ist immer verkehrt. Fischen Sie mit schwerem Blei, dann ist dies noch gefährlicher. Wenn Sie Pech haben, gerät das Blei ins Netz. Die Folgen können Sie sich denken.

Führen Sie den Kescher auch immer selbst, oder überlassen Sie ihn einem zuverlässigen Angelfreund, so daß Sie sicher sind, daß in kritischen Augenblicken keine Fehler gemacht werden.

Materialien

Der neue Stil der Karpfenfischens hatte selbstverständlich eine rasche Entwicklung der Materialien zur Folge. Glücklicherweise haben die wichtigsten Änderungen die kleinen, also bezahlbaren Zubehörteile betroffen. Sie können also mit Ihrer bestehenden Karpfenausrüstung weiter fischen. Wo neue Materialien aber deutliche Vorteile bieten, werden wir das auch ausführlich erläutern.

Angelruten

Wurde in den siebziger Jahren meistens mit Glasfaser gearbeitet, werden heutzutage vielfach neue Materialien wie Karbonfaser, Kevlar und deren Kombinationen verwendet. Glasfaserruten haben eine weiche Aktion, was beim Uferfischen den Vorteil hat, daß der Haken weniger schnell herausreißt. Karbonfaser ist besser geeignet für weitere Würfe. Karbonruten haben in der Regel auch mehr Leistung, so daß ein schweres Gewicht einfacher zu werfen ist, was in der modernen Fischerei eine wichtige Rolle spielt.

Heute werden auch weniger steife Karbonfaserruten hergestellt, die ihren Wert beim Drill unter der Spitze zeigen, und noch bessere Wurfeigenschaften besitzen als Glasruten. Auch federt eine Karbonfaserrute nach dem Wurf weniger nach, wodurch eine bessere Kontrolle des Wurfgewichts möglich ist. Karbonfaserruten sind zwar immer noch sehr teuer, aber der Preisunterschied zu Glasfaser wird immer kleiner. Wenn Sie tief in den Geldbeutel greifen müssen, bedenken Sie, daß eine gute Glasfaserrute immer noch besser ist als eine minderwertige Karbonfaserrute.

Es hat sich gezeigt, daß elf Fuß, oder etwa 3,30 m eine ideale Länge ist, mit der Sie sehr gut werfen und den Karpfen auch gut drillen können. Für das Fischen auf größere Entfernungen werden längere Ruten bevorzugt (3,60 bis 3,90 m). Diese Ruten haben den Vorteil, daß sie beim Anhieb mehr Schnur aufnehmen können, und deshalb der Haken besser sitzt. Dies trifft aber nur zu, wenn die Rute ausreichend steif ist.

Viele Fischer werden auf einem schwierigen Platz schnell nach einer längeren Rute greifen. Tatsächlich können Sie den Karpfen während des Drills besser mit einer langen Rute führen. Es ist aber ein Irrtum zu glauben, man könne mit einer langen Rute mehr Kraft auf den Fisch ausüben. Das Gegenteil ist wahr. Durch die größere Hebelwirkung wirkt die gleiche Kraft auf die Schnur wie bei einer langen Rute mit einem größeren Kraftmoment im Handgriff. Üben Sie auf eine lange Rute also die gleiche Kraft aus, wie auf eine kurze, so ergibt das eine geringere effektive Kraft, die auf den Fisch wirkt.

Auch wenn Sie lieber zwischen Bäumen oder im Gebüsch fischen, entscheiden Sie sich besser für eine kurze Rute.

Die Eigenschaften einer Rute werden bestimmt durch Leistung und Aktion. Zu den für diese modernen Angelmethode gängigen Schnurstärken von 0,24 bis 0,28 gehört eine Rute mit einer Leistung von 1¾ Pfund. Unter extremen Verhältnissen z. B. bei Hindernissen können Sie sich sogar für eine Rute mit einer Leistung von 2 bis 3 Pfund, je nach Schnurleistung, entscheiden.

Was die Aktion betrifft, müssen Sie bei der Rutenwahl von der Entfernung ausgehen, in der Sie normalerweise fischen. Für das Uferfischen und für Entfernungen bis zu maximal 20 m kommt die ‚slow taper' am ehesten in Betracht. In den meisten Fällen aber, im Hinblick auf die üblichen Entfernungen zwischen 20 und 50 m, wird die ‚medium taper' in Betracht kommen. Dies ist die universellste Rute, weil sie auch zum Grundangeln und für Entfernungen bis zu 80 m brauchbar ist. Der Spezialist aber, der besonders das Fischen auf große Entfernung liebt, sollte sich eine eigens für diesen Zweck entwickelte Rute anschaffen, die ‚fast taper'.

Cees mit einem Spiegelkarpfen, der sich sehen lassen kann

Die von jeher vertrauten Hartchromringe sind immer noch aktuell. Bei bester Qualität sind sie den modernen Kunststoffringen sicher ebenbürtig. Kunststoffringe sind wesentlich schwerer und machen die Rute langsamer, auch wenn dies bei Karbonfaser weniger zu spüren ist. Selbstverständlich können schwerere Kunststoffringe auch benutzt werden, um eine straffe Rute etwas langsamer zu machen.

Vor einigen Jahren wurden die Fuji-Ringe mit grünem Stoßring oft gebraucht. Momentan gibt es auch viele leichtere Sorten auf dem Markt. Seymo-Ringe und die übrigens viel teureren Ringe aus Silikon-Karbid eignen sich sehr gut für die Karpfenrute.

Eine Neuheit ist auch, daß viele Karpfenruten einen Griff aus schwarzem Kunststoff haben. Eine gute Qualität und eine richtige Befestigung vorausgesetzt, ist ein solcher Griff nicht schlechter als ein Korkhandgriff. Er ist also mehr eine Frage des persönlichen Geschmacks. Auch die Wahl zwischen Rollenhalter und

Rollenringen ist oft eine persönliche Angelegenheit. Zu erwägen ist zwar, daß heute schwerer (also sportlicher) gefischt wird als damals, als dünne Schnüre noch für eine natürliche Köderpräsentation sorgen mußten. Mit einer stärkeren Schnur können Sie mehr Kraft ausüben, wodurch die Rolle sich aus den Ringen lösen kann. Mit einem Rollenhalter besteht diese Gefahr nicht.

Auf manchen Fabrikruten (besonders aus England) sind Rollenhalter, mit denen die Rolle nicht festgeschraubt zu werden braucht, sondern mittels eines Klicksystems festgehalten wird. Dieses System hat aber zwei Nachteile. Erstens sitzt die Rolle oft

Ein schönes „Dickerchen"

nicht richtig fest, sondern hat einiges Spiel. Gefährlich ist das nicht, aber beim Drill ist es ein unangenehmes Gefühl. Ein zweiter viel größerer Nachteil ist die Anfälligkeit. Die Wirkung der Klemme beruht auf einer kleinen Feder, die leicht zerbricht. In einem solchen Fall, muß mit Klebeband repariert werden, weil ein derartiger Rollenhalter fast nicht zu ersetzen ist.

Stationärrolle und Multirolle

Eine gute Karpfenrolle soll zwei wichtige Bedingungen erfüllen. Die Rolle soll mindestens 100 m 0,26 Nylon fassen können (dies ist überhaupt kein Kriterium für Qualität), und die Rolle soll eine perfekte Bremse besitzen.

Mit der Qualität der Rolle ist im Grunde die Qualität der Bremse gemeint. Andere Erwägungen wie Lebensdauer, Übersetzung usw. sind weniger von Bedeutung. Die Ansprüche an die Bremse stehen außer Frage. Die meisten Rollen haben die Bremse am Rollengehäuse, was aber kein Indiz für eine gute Bremswirkung ist. Es gibt auch Rollen mit der Bremse auf der Spule, die eine ausgezeichnete Wirkung besitzen.

Eine gute Bremse funktioniert gleichmäßig, ohne Holpern und Stoßen. Außerdem, und das wird manchmal vergessen, soll sie schnell in Gang kommen. Beim Durchschneiden einer Apfelsine bemerken Sie zuerst einen großen Widerstand, bis das Messer durch die Schale hindurch ist, dann geht es wie von selbst. Das gleiche ist der Fall bei der Rollenbremse. Nur daß beim Überwinden des toten Punktes bei der einen Rolle mehr Kraft erforderlich ist als bei der anderen. Darauf sollten Sie achten!

Wußten Sie übrigens, daß diese Erscheinung bei der Multirolle nicht auftritt? Bei einer Multirolle zieht die Schnur direkt auf die Spule, und nicht über die Schnurrolle. Leider wird in Holland nur wenig mit Multirollen gefischt. Unbekannt, unverlangt? Im Hinblick auf die schweren Bleigewichte, die bei den modernen Karpfentechniken verwendet werden, kann eine Multirolle sehr vorteilhaft sein. Sollten Sie sich die Anschaffung einer Multirolle überlegen, nehmen Sie dann eine mit dem Kurbelgriff zur richtigen Seite, so daß Sie die Rute mit der rechten Hand handhaben können. Es gibt aber heutzutage auch Multirollen mit auswechselbaren Kurbelgriffen.

Schnüre

Die Schnurwahl wird durch einige Faktoren beeinflußt. Wer mit einer Pose am Ufer fischt, wird im allgemeinen eine Schnur mit großer Dehnungsfähigkeit verwenden. Beim Anhieb wirken erhebliche Kräfte auf das kurze Stück Schnur. Eine Schnur mit großer Dehnungsfähigkeit wird die Gefahr eines Schnurbruches oder des Ausreißens des Hakens verringern. Fischt man aber auf große Entfernungen, wird eine Schnur mit geringer Dehnungsfähigkeit gebraucht, damit sich der Haken setzen kann und der Kontakt mit dem Fisch beibehalten bleibt. Weil bei dieser Angelart im allgemeinen mit einer „Fast Taper" gearbeitet wird, muß man aufpassen, wenn der Fisch ans Ufer kommt. Bei einem plötzlichen Fluchtversuch des Karpfens kann die Kombination von „Fast Taper" und steifer Schnur eine unerwartete Kraftexplosion nicht auffangen. Ein verlorener Karpfen ist dann die Folge. Bei den modernen Fangtechniken ist das Dehnungsvermögen der Schnur weniger von Bedeutung. Fast immer wird mit einem Vorfach gefischt, so daß im Hinblick auf die Anköderung dieses Vorfach äußerst weich sein kann, während die Hauptschnur steif und fast nicht elastisch zu sein braucht. In schwierig zu befischenden Gewässern sind steife Schnüre der Reibung an Hindernissen nicht gewachsen.
Teuere Schnüre müssen nicht immer die besten sein. Eine Qualitätsschnur, wie zum Beispiel Sylcast, ist sehr verschleißfest und kostet etwa 45,– DM pro 1000 m. Der Angler ist gut beraten, öfter die Schnur zu ersetzen.
Wollen Sie Ihren Köder auf möglichst natürliche Weise anbieten, so ist ein geflochtenes Vorfach zu empfehlen. Geflochtene Schnüre haben nämlich den Vorteil, daß sie sehr weich sind. Köder, die an geflochtener Nylonschnur angeboten werden, verhalten sich im Wasser natürlicher. In einem Gewässer, in dem schon öfter Karpfen gefangen worden sind und die Karpfen den

Köder mit Argwohn untersuchen, wird der Einsatz geflochtener Vorfächer zu größeren Fängen führen.

Es gibt geflochtene Schnüre mit oder ohne Überzug. Bei beschichteten Schnüren ist der Mantel mit Wachs oder Teflon behandelt worden. Dadurch ist die Schnur chemischen Einflüssen besser gewachsen, was ihrer Lebensdauer zugute kommt. Ein Nachteil aber ist, daß die Flexibilität der Schnur größtenteils verloren geht, und gerade die Flexibilität ist es, weswegen wir eine geflochtene Schnur gewählt haben. Auch haben die geflochtenen Schnüre eine Neigung zum Schwimmen, was sie für das Angeln auf Grund weniger geeignet macht. Es ist nämlich möglich, daß die Schnur wegen ihres Schwimmvermögens aufsteigt. Der Karpfen wird beim Annähern an den Köder die Schnur spüren und fliehen.

Eine Behandlung der Schnur mit „permasink", einem Mittel, das verwendet wird, Vorfächer einer Fliegenschnur sinkbar zu machen, kann dem abhelfen. Zum Fischen mit schwimmenden Particles sind diese Schnüre wieder ideal. Es ist dann aber zu empfehlen, die Schnüre extra einzufetten.

Außer den vielen Vorteilen hat die geflochtene Schnur auch einige Nachteile. Gerade wegen ihrer großen Geschmeidigkeit kann sich das Vorfach während des Wurfes leicht in Schnur und Blei verheddern. Durch einen zielgenauen Wurf wird dies aber weitestgehend vermieden. Es ist außerdem nicht richtig, daß eine geflochtene Schnur zum Fischen auf schwierigen Plätzen besser geeignet sei. Die Schnur ist äußerst empfindlich gegen Beschädigungen und wird bei der kleinsten Berührung mit einem scharfen Gegenstand reißen. Wenn ein schwerer Fisch durch einen Schilfgürtel oder durch Wasserlilien rast, brennt die Schnur durch, weil ihre Temperatur durch die Reibung an der Oberfläche schnell steigt.

Eine geflochtene Schnur ist weniger elastisch, so daß der Fisch leichter von einem Hindernis fernzuhalten ist. Dies trifft aber nur zu, wenn die Hauptschnur auch geflochten ist und nicht nur das Vorfach. Hier bietet dann die Multirolle bessere Möglichkeiten.

Der ideale Karpfenhaken?

Fragen Sie zehn Karpfenfischer und Sie bekommen zehn verschiedene Antworten! Jeder Fischer angelt auf seine Weise in seinem Gewässer, stellt seine eigenen Anforderungen an das Material. Wie sollten wir dann noch den idealen Karpfenhaken auf's Tapet bringen?

Lange Spitze – gutes Eindringungsvermögen

Kurze Spitze – schlechtes Eindringungsvermögen

Es gibt natürlich doch einige Bedingungen, die ein guter Haken erfüllen muß. An erster Stelle soll der Karpfenhaken stark sein. Er darf nicht ausbiegen, darf aber auch nicht so steif sein, daß die Bruchfestigkeit beeinträchtigt wird. Das gilt bei den neuen Angeltechniken um so mehr, weil der Haken schon während des Anbisses ausreichend tief ins Karpfenmaul eindringen soll. Beim Kauf soll besonders auf die Spitze des Hakens geachtet werden. Sie soll lang genug sein. Haken mit einer kurzen Spitze sind meistens weniger scharf und haben ein schlechtes Eindringungsvermögen. Außerdem kann ein Haken mit einer längeren Spitze einige Male geschliffen werden. Ist die Spitze zu kurz, so hat man schnell zu viel abgeschliffen und der Haken ist unbrauchbar. Ein großer, weiter Widerhaken ist altmodisch. Je größer nämlich der

Ein schöner Zwanzigpfünder für unseren Künstler Hans.

Widerhaken ist, desto schwerer kann er eindringen. Um zu vermeiden, daß der Haken schlecht eindringt, genügt schon ein kleiner Widerhaken.

Ein zu großer Widerhaken ist vorsichtig abzufeilen oder mit Hilfe einer Anglerzange etwas einwärts zu biegen.

Die Größe des Hakens wird durch das System, mit dem gefischt wird, bestimmt. Im allgemeinen wird bei den neueren Techniken mit kleineren Haken gefischt. Die richtige Hakengröße wird bei der Behandlung der einzelnen Anköderungssysteme besprochen. Nur soviel soll hier schon gesagt werden: Kleine Haken biegen leichter auf.

Wir verwenden immer Haken mit einem Öhr. Sie sind, besonders im Dunkeln, nicht nur leichter zu befestigen, auch die Knoten sind meistens haltbarer.

Neue Haken sind oft nicht scharf genug und sollten vor Gebrauch etwas beigeschliffen werden. Dazu verwendet man einen Schleifstein (in jedem guten Anglergeschäft erhältlich) aber auch mit einer Nagelfeile geht es ausgezeichnet!

Man schleife immer gegen die Spitze, wie eigenartig das auch klingen mag! Zuviel abzuschleifen soll vermieden werden, weil sonst die Hakenspitze zu kurz wird und das Eindringungsvermögen zu gering ist. Die Schärfe der Hakenspitze ist kontrollierbar indem man senkrecht über einen Fingernagel kratzt. Dringt die Spitze dabei in die Oberschicht des Nagels ein, so ist sie scharf genug. Manchmal gelingt es nicht, eine Spitze scharf zu bekommen. Ein solcher Haken soll dann am besten sofort weggeworfen werden. Machen Sie es sich zur Gewohnheit den Haken nach jedem Fang, oder nach jedem Hänger auf Schärfe zu prüfen.

Diese Kleinigkeiten bestimmen über Fang oder Verlust eines kapitalen Fisches.

Rutenhalter

Sorgen Sie für solide Rutenhalter, die nicht verbiegen, wenn sie in harten Boden gsteckt werden. Ein guter Rutenhalter darf außerdem nicht rosten. In weichem Boden wird er tief einsinken, ehe er stabil steht. Eine teleskopische Stütze kann zusätzlich ausgezogen werden. Für eine optimale Rutenaufstellung sind teleskopische Halter unentbehrlich. Ein nützliches neues Produkt ist die Querstütze. Besonders funktionell ist sie bei harten Ufern. Wenn man an der Vorder- und Hinterstütze die Querstütze festschraubt, hat man für zwei Angelruten Platz. Statt vier braucht man nur zwei Halter in den Boden zu schlagen. Um zu verhindern, daß die Halter sich beim Aufheben der Rute verdrehen, kann ein ‚Angelstützstabilisator' montiert werden. Solch ein Stabilisator besteht aus zwei Hälften, die um die Halter geschraubt werden.

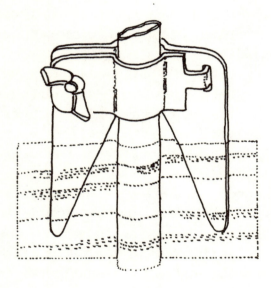

Der Kletterbißanzeiger

Mit den neuen Angeltechniken für harte Köder hielt vor einigen Jahren auch der Kletterbißanzeiger, auch ‚climbing monkey' oder Kletteraffe genannt, seinen Einzug. Früher gebrauchte man im Hinblick auf einen minimalen Widerstand Bißanzeiger, die möglichst klein sein mußten. Das Röllchen Silberpapier ist dafür ein treffendes Beispiel. Es wurde zwischen Rolle und Leitring in die Schnur gehängt. Wenn der Bißanzeiger beim Anbiß hinaufkroch, wartete man, bis er den höchsten Punkt erreicht hatte, bevor man den Anhieb setzte. Bei den modernen Techniken ist geringer

Widerstand nicht mehr wichtig. Im Gegenteil, das Bestreben ist, daß der Fisch sich selbst hakt, weil er besonderen Widerstand findet. Der Kletterbißanzeiger bietet beim modernen Fischen so viele Vorteile, daß alle anderen Bißanzeiger nicht mehr in Frage kommen.

Aber bevor wir weitermachen: Was ist ein Kletterbißanzeiger? Für denjenigen, der es noch nicht weiß... ein Bißanzeiger aus Kunststoff gleitet über einen Stab, der neben der Angelrute in den Boden gesteckt wird. Am oberen Ende hat dieser Stab eine Verdickung. Der Bißanzeiger gleitet auf den Stab über zwei Löcher, von denen das obere größer ist als die Verdickung, das untere aber kleiner. Ein verschiebbarer Gummiring unten am Stab hält den Bißanzeiger teilweise frei, so daß die Schnur zwischen Stab und Bißanzeiger gelegt werden kann. Wenn der Bißanzeiger wieder mit beiden Löchern über den Stab gleitet, wird die Schnur zwischen Bißanzeiger und Stab festgehalten.

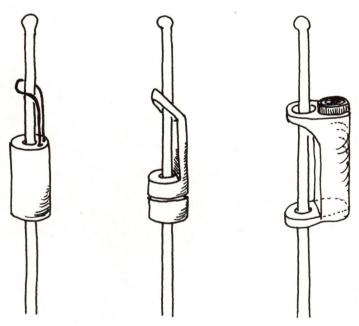

Nach einem Anbiß steigt dieser ‚kletternde Affe' hinauf und wird dann auf und ab tanzen. Während der Fisch sich hakt, wird das obere Loch an der Verdickung vorbeigezogen, und die Schnur ist frei. Der Bißanzeiger wird halbwegs zwischen Rolle und Leitring gestellt. Der Stab soll ein wenig über die Rute emporragen. Sonst wird ein anbeißender Fisch sofort die Schnur aus dem Bißanzeiger ziehen. Es ist ja gerade Absicht, daß der Bißanzeiger während des Auf- und Abtanzens (es wird ja mit offenem Bügel gefischt) für einen konstanten Druck auf die Hakenspitze sorgt, damit der Haken nicht aus dem Karpfenmaul herausfällt.

Die meisten Kletterbißanzeiger sind mit einem verschließbaren Hohlraum versehen, in den Bleikugeln für zusätzlichen Widerstand gesteckt werden können. In diesen Hohlraum paßt aber auch ein Knicklicht zum Fischen im Dunkeln.

Ein zusätzlicher Vorteil ist, daß sich dieser Bißanzeiger durch die oft sehr kraftvollen Bisse nicht um die Rute schlingen kann.

Außerdem bleibt er bei starkem Wind unbeweglich, so daß man keinen Ärger mit einem ständig hin und her schwingenden Bißanzeiger hat.

Eine perfekte Rutenaufstellung

Elektronische Bißanzeiger

Ein elektronischer Bißanzeiger ist zum Fischen in der Nacht ideal, doch er kann auch tagsüber von Nutzen sein. Sie können die Umgebung genießen und das Wasser beobachten. Es gibt mehrere Apparate im Handel, die einer nach dem anderen besprochen werden könnten, aber das machen wir absichtlich nicht. Das wäre nur Zeitverlust!

Für die moderne Karpfenfischerei kommt z. B. der Optonic in Betracht: Dieser Bißanzeiger wird auf den vorderen Rutenhalter geschraubt. Wenn die Rute auf den Optonic gelegt wird, ruht die Schnur automatisch auf einem Rädchen. Beißt nun ein Fisch und läuft die Schnur, dreht sich dieses Rädchen und löst über ein elektronisches System Licht- und Schallsignale aus. Der Optonic vermittelt ein klares Bild von dem, was sich unter Wasser abspielt. Bei anderen Systemen war bisher nicht klar, ob der Karpfen den Köder träge über kurze Distanz oder schnell über lange Distanz mitnahm. Der Optonic vermittelt genau, was unter Wasser vorgeht. Außerdem ist er gegen Regen und Wind unempfindlich.

Wird bei starkem Wind in einer waldreichen Umgebung oder in der Nähe einer vielbefahrenen Straße gefischt, so wird die Schallanzeige des Optonic oftmals übertönt.

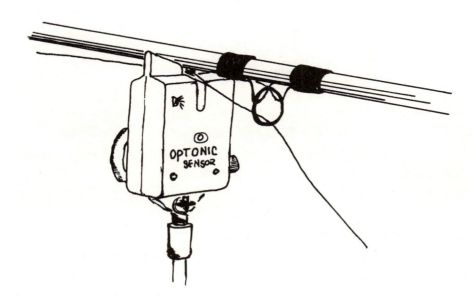

In manchen Angelsportgeschäften kann der Optonic umgebaut werden. Der Bißanzeiger wird dann mit einem Verstärker versehen, mit dem er lauter oder leiser gestellt werden kann. Sehr bequem, wenn Sie einmal ein Nickerchen halten möchten.

Kescher

Wenn Sie es auf große Karpfen abgesehen haben, müssen Sie selbstverständlich über einen großen Kescher verfügen. Der Fisch soll ohne viel Mühe hineingleiten können.

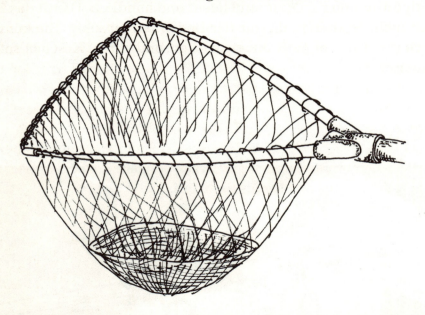

Zuviele Riesen sind verloren worden, weil der Fisch nach langem Hin und Her ins Netz sollte. Bei einem dreieckigen Kescher soll die Armlänge wenigstens 80 cm sein. Es gibt sogar Kescher mit einer Armlänge von 120 cm! Solch ein extrem großer Kescher ist natürlich auch sehr schwer und deshalb unhandlich. Darum werden die großen Kescher aus Glasfaser hergestellt.

Das schwere Blei wird sich während der Landung oft in den Maschen verhängen. Besser ist also, das Blei mit einem Wirbel zu befestigen, damit es von der Schnur gelöst werden kann und das Ganze leicht zu entwirren ist. Das Blei wird sich in einem feinmaschigen ‚Micromesh'-Kescher weniger schnell verhängen, als in einem Kescher mit groben Maschen.

Allerdings ist ein solcher Kescher schwerer zu handhaben, weil er zuviel Wasser aufnimmt. Obgleich behauptet wird, daß ein ‚Micromesh' Netz schonender für den Fisch sei, stellt sich in der Praxis heraus, daß der Karpfen oft mit den Flossen hängen bleibt. Einen klaren Vorzug gibt es also nicht. Wenn Sie sich für einen grobmaschigen Kescher entscheiden, so soll dieser knotenlos sein, weil sich der Fisch an den Knoten verletzen kann. Heutzutage gibt es etwas grobmaschigere Kescher, gröber als der feinmaschige Micromesh. Diese sind leicht und handlich. Damit das Blei sich nicht festhängt, ist nur der Boden feinmaschig. Sie können auch ein Netz ohne Rahmen kaufen und ihren Kescher selbst bauen.

Am frühen Morgen wieder vorsichtig zurückgesetzt...

Wenn Sie es auf große Karpfen abgesehen haben, müssen Sie über einen großen Kescher verfügen

Unterkunft für Karpfenfischer

Wiegesack und Setzsack

Ein guter Setzsack aus Industrienylon hat keine schädlichen Folgen für den Fisch. Seit Beginn des ‚Boilie-Zeitalters' sind mehr Angler in der Lage, in einem kurzen Zeitraum einige Karpfen zu fangen. Machen Sie aber nicht den Fehler, mehrere Karpfen in einem Setzsack aufzubewahren, die Fische werden sich gegenseitig verletzen.

Aus England kommen sehr gute Setzsäcke. Die von Kevin Nash (Happy Hooker) und von Del Romang sind von hervorragender Qualität. Sie sind geräumig, tief und mit Löchern für eine gute Wasserzirkulation versehen. Außerdem sind sie schwarz, so daß der Fisch nicht hindurchschauen kann, keine Chancen sieht zu fliehen und sich daher ruhig verhält. Das Aufbewahren von Karpfen in grobmaschigen Jutesäcken ist nicht zu empfehlen. Das Material ist zu rauh und greift die schützende Schleimhaut des Fisches an. Feinmaschige Jutesäcke sind ungeeignet. Durch die Dichte des Gewebes kann das Wasser nicht zirkulieren. Das lange Hältern des Fisches in einem solchen Kescher bedeutet, daß der Setzsack zum ‚Sterbesack' wird, und das ist das Letzte, was wir möchten.

Hältern Sie einen Karpfen nur, wenn es wirklich notwendig ist, z. B. wenn Sie nachts einen Riesen fangen und tagsüber ein schönes Foto machen wollen.

Manchmal erweisen Sie dem Fisch sogar einen Dienst, wenn Sie ihn eine Weile im Setzsack wieder zu Atem kommen lassen. Besondere ältere Fische sind nach dem Fang manchmal so erschöpft, daß es länger dauert, bis sie sich wieder erholt haben. Lassen Sie einen Fisch sofort wieder frei, bleibt er an der Oberfläche liegen oder schiebt mit dem Kopf hinunter in den Schlamm. Es ist besser, den Fisch etwa eine Stunde zu hältern. Auch der beste Setzsack ist bei unsachmäßigem Gebrauch schädlich für den Fisch. Achten Sie deshalb auf folgende Punkte:

- Hängen Sie den Setzsack in eine tiefe Stelle im Wasser, so daß der Karpfen nicht im Schlamm erstickt

- Hängen Sie ihn nie in die pralle Sonne. Die Temperatur kann zu hoch ansteigen, und warmes Wasser hat einen niedrigen Sauerstoffgehalt.
- Binden Sie den Setzsack gut fest, damit der Fisch nicht damit davonschwimmt.
- In fließendem Wasser soll der Fisch immer mit dem Kopf stromaufwärts gelegt werden, damit er genügend Sauerstoff aus dem Wasser aufnehmen kann.
- Hängen Sie den Setzsack nachts nie zwischen Wasserpflanzen. Diese nehmen während der Nacht Sauerstoff auf, und dadurch gerät der Fisch in Atemnot. In extremen Fällen erstickt der Fisch sogar.
- Machen Sie den Sack zuerst gut naß.

Früher brachte das Wiegen des Fisches immer Probleme mit sich. Der Fisch wurde mit dem Kescher an die Läuferwaage gehängt. Das Gewicht des Keschers mußte dann abgezogen werden, und jeder Fischer machte das anders.
Heute gibt es den Wiegesack, der aus dem gleichen Material wie der Setzsack gemacht ist. Der Wiegesack stützt den Fisch während des Wiegens und verhindert, daß der Fisch herausrutscht. Auch der Wiegesack soll zuerst gut naß gemacht werden. Von den Herstellern der Setzsäcke gibt es auch erstklassige Wiegesäcke.

Regenschirm und Fischerzelt

Regenschirme aus Nylontuch sind wasserdurchlässig. Ein echter Karpfenschirm ist aus ‚wavelock'-Tuch hergestellt. Dieses doppelseitig mit Gummi versehene Material schützt Sie vor dem rauhesten Herbstwind und ist absolut wasserdicht. Neben dem klassischen Knickmodell gibt es eine Variante, bei der der Stiel in einem Winkel von sechzig Grad im Verhältnis zur ursprünglichen Stellung montiert werden kann. Auf diese Weise ist der Freiraum unter dem ‚Regenschirm' bedeutend größer.

Um diesen Regenschirm herum können Sie ein Zelt für lange Sitzungen aufbauen. Ein solches Zelt besteht aus einem einteiligen Tuch, das über den Schirm ausgebreitet und mit Häringen festgemacht wird. Bei starkem Wind empfiehlt es sich, den Schirm extra abzustützen. Dazu sind ‚storm-rods' erhältlich, die an einer Rutenstütze festgeschraubt werden.

Schnurklemmen

Es gibt zwei Arten Schnurklemmen (große und kleine) mit einem deutlichen Funktionsunterschied.

Die große Klemme ist ein sogenannter ‚runclip', die kleine heißt ‚line clip'.

Der Runclip verhindert, daß sich die Schnur von der Rollenspule kringelt, wenn mit offenem Fangbügel gefischt wird. Er wird auf der Höhe der Rollenspule am Griff befestigt, und die Schnur wird dazwischen geklemmt.

Der Lineclip hingegen wird zum Fischen mit dem Bolt-Rig verwendet (s. Fangtechniken) und wird oben an der Rute befestigt. Die Schnur wird in den Clip geklemmt, so daß der Karpfen sich hakt, sobald er mit dem Köder davonschwimmt. Auch bei leichter Strömung, bei der der Bißanzeiger aufläuft, ist dieser Clip zu verwenden. Der Lineclip zeigt Bisse aber nicht an.

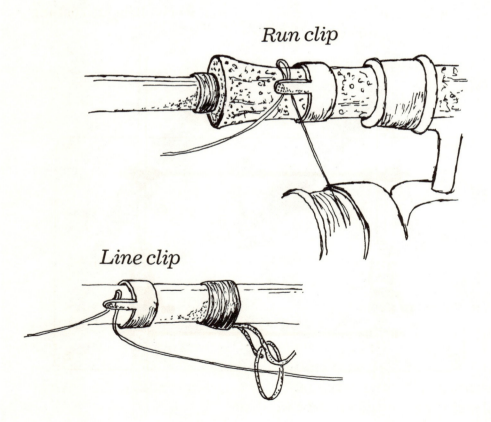

Anglermatte

Eine praktische Neuheit ist die Anglermatte. Bei den hergebrachten Angelmethoden war man gewöhnt, die Rute hoch auf die Rutenhalter zu legen. Weil aber bei den neuen Techniken mit geöffnetem Fangbügel gefischt wird, ist die Höhe weniger wichtig geworden. Viele Karpfenfischer setzen die Rute unmittelbar über den Boden. Bei schwerem Regen spritzt der Sand aber so hoch auf, daß Rute und Rolle verschmutzt werden. Außerdem besteht die Gefahr, daß der Stab des Bißanzeigers so verdreckt, daß der Bißanzeiger nicht mehr gleitet. Bei einem kräftigen Anbiß ist es sogar möglich, daß der Stab aus dem Boden gezogen wird, und das Ganze sich im Leitring verheddert. Um dem vorzubeugen gibt es die Anglermatte. Dieses Tuch aus Kunststoff ist mit Löchern versehen, damit es mit Häringen im Boden festgesetzt werden kann. Überdies gibt es in der Matte Aussparungen, durch die Rutenhalter und Kletterbißanzeiger in den Boden gesteckt werden können. Die Lebensdauer Ihrer wertvollen Ausrüstung wird damit verlängert.

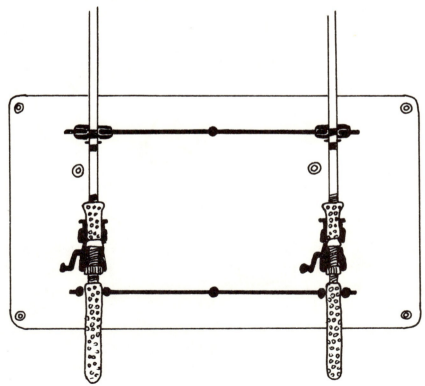

Wirbel

Der Wirbel ist ein unentbehrliches Glied zwischen Hauptschnur und Vorfach. Zwar entstehen durch den Gebrauch eines Wirbels zwei zusätzliche Knoten, aber wenn diese sorgfältig gebunden werden, muß das nicht unbedingt eine Schwächung der Montage bedeuten. Zu Unrecht wird oft behauptet, jeder Knoten sei eine Schwächung. Nur der schwächste aller Knoten bestimmt die Zugstärke des Ganzen. Ein Wirbel wirkt zugleich als Stopper für das schwere Blei. Dies hat den Vorteil, daß sich der Wirbel nicht verschiebt. Bei einer durchlaufenden Schnur, bei der ein Stopper das Blei auf eine bestimmte Entfernung zum Haken hält ist es möglich, daß beim Wurf der Stopper durch das Blei aufgeschoben und die Schnur dabei beschädigt wird.

Das gleiche kann beim Anhieb oder beim Drill passieren. Weil schweres Blei verwendet wird, ist es besser, diese Gefahr zu umgehen und einen guten Wirbel zu verwenden.

Ein guter Wirbel soll nicht nur stark, sondern auch aus einwandfreiem Material (siehe A und B) sein und darf keine scharfen Kanten haben, die die Schnur beschädigen können. Bei vielen billigen Wirbeln läuft sich die Schnur schnell in der Spirale unterhalb der Ösen fest (siehe C).

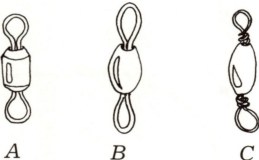

A   B   C

Ein guter Wirbel dreht sich immer. Zunächst ist das von großer Bedeutung beim Einholen. Wenn der Wirbel nicht richtig dreht, während der Köder kreiselt, dann wird sowohl das Vorfach als auch die Hauptschnur verdreht. In geringerem Maße wird das auch beim Drill der Fall sein. Mit Markenwirbeln haben wir gute Erfahrungen gemacht. Auch die kleinsten Größen haben noch eine Zugkraft, die für unsere Zwecke ausreichend ist.

‚ledger link bead'

Das ‚ledger link bead' ist eine neu entwickelte Alternative zum Nadelwirbel. Damit kann man das Blei so befestigen, daß es leicht ausgewechselt werden kann.

Das ‚bead' besteht aus einer Perle mit einem Loch in der Mitte, durch das die Schnur läuft. Diese Perle ist mit einem Ansatz versehen, in dem ebenfalls ein Loch ist. Daran ist das Blei mittels eines Connectors (Verbinders) zu befestigen. Der Vorteil dieser Montage ist, daß das Blei während des Fischens auf einfache Weise auszuwechseln ist. Weitere Vorteile sind:

- Das ‚ledger link bead' ist aus schwarzem Kunststoff hergestellt. Es ist leicht und verrostet nicht, so daß es immer über die Schnur gleitet.
- Es ist glatt und rund und verhindert, daß das Vorfach sich verheddert.
- Zusammen mit einer Perle oder mit Silikongummi zwischen ‚bead' und Wirbel funktioniert das Ganze als Abstandhalter.

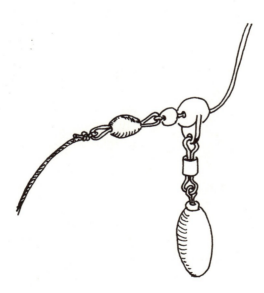

Im Vergleich zum einfachen Nadelwirbel hat das ‚bead' aber einen Nachteil. Bei weiten Würfen, wenn große Kräfte auf das letzte Stück Nylon einwirken, kann die Schnur den schwarzen

Kunststoff beschädigen. Nach einiger Zeit kann ein kleiner Schnitt mit scharfen Rändern entstehen. In diesem Einschnitt kann sich die Hauptschnur festsetzen und ein Schnurbruch ist nicht auszuschließen. Die Perle soll also regelmäßig auf Schnitte kontrolliert und nötigenfalls ersetzt werden. Möchten Sie jedes Risiko ausschließen, so verwenden Sie an jedem Angeltag ein neues ‚bead'.

‚Connectors' (Verbinder)

Mittels eines Sprengrings könnte man das Blei am ‚bead' befestigen. Sie müssen aber damit rechnen, daß das eine schwierige Arbeit ist, weil das ‚bead' zu dick ist, um es durch den Ring zu bekommen. Vor allem bei Kälte oder in der Nacht gibt das Probleme. Es ist besser einen eigens für diesen Zweck entwickelten Spezialconnector zu verwenden. In fast allen Angelsportgeschäften sind sie in mehreren Größen erhältlich. Die Connectors haben ein verschiebbares Mittelstück, so daß beide Enden geöffnet werden können.

Das Befestigen von Blei und ‚bead' ist nur eine Sekundensache.

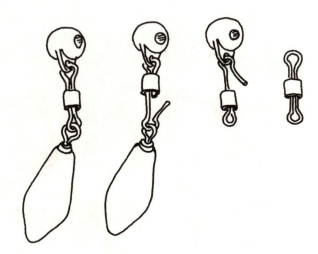

Perlen

Das Blei, befestigt am ‚bead' oder nicht, kann die Windungen des Knotens beschädigen. Um den Knoten dagegen zu schützen, kann eine Perle zwischen Blei und Wirbel befestigt werden. Gute Perlen sind in allen Angelsportgeschäften erhältlich und aus stoßdämpfendem Kunststoff hergestellt. Es gibt sie in zwei Größen. Die kleine ist für eine Hauptschnur von max. 0,25 geeignet. Für dickere Schnüre ist es besser, eine große Perle mit größerer Bohrung zu verwenden, in der der dicke Knoten verschwindet. Eine kleinere Perle würde in diesem Fall gegen den Knoten drücken und ihn nicht mehr schützen.

Nicht jede Perle ist für unsere Zwecke geeignet. So finden Sie in einem Stoffladen Perlen, die zwar billiger, aber nicht hart genug sind. Wenn das Blei mit großer Geschwindigkeit auf die Perle aufschlägt, kann sie zerbrechen. Gehen Sie deswegen lieber kein Risiko ein und legen Sie etwas mehr Geld an.

Blei

Nur das Wirbelblei kommt für die modernen Techniken in Betracht. Damit können leichte Köder sehr gut geworfen werden. Außerdem wird der Widerstand damit aufgebaut. Der Wirbel im Blei verhindert das Verdrehen der Hauptschnur. Die Erfahrung hat gezeigt, daß 35 Gramm ein guter Durchschnitt sind. Aerodynamisches Blei wird beträchtlich weiter geworfen als rundes Blei

oder Blei mit einer abgeplatteten Unterseite. Bei den Wurfproben haben die aus England kommenden ‚carp-bomb' und ‚zipp-lead' sich als die besten erwiesen. (siehe B). Dabei soll aber erwähnt werden, daß es uns nicht gelungen ist mit den zipp-leads 25% weiter zu werfen. Wir sind höchstens 5 bis 7% weiter gekommen als mit anderem Blei.

Zum Fischen auf kurze bis mittellange Distanz ist die Bleiform selbstverständlich nicht so sehr von Bedeutung (siehe A).

Gutes Blei hat eine gleichmäßige Form und ist glatt ausgeführt. Anderes Blei ist in der Luft instabil, was die Wurfweite beeinträchtigt. Blei mit scharfen Rändern kommt sowieso nicht in Betracht, weil es die Schnur beschädigen kann.

Bleistopper

Im Kombination mit oder anstelle der Schnurklemme (siehe Fangtechniken) kann ein Bleistopper an der Hauptschnur den Hakeffekt vergrößern. Wenn Sie in Ihrem Angelsportgeschäft einen Bleistopper verlangen, bekommen Sie bestimmt diese grünen Stopper aus England. Sie sind für die ‚Winkle Picker'-Fischerei gedacht, als Stopper für den Futterkorb. Diese Stopper sollten Sie besser nicht benutzen, denn sie sind aus hartem Plastik. Der Stift muß so fest in die Hülse gedrückt werden, daß die Schnur beschädigt wird. Sie können auch einen zweiten Wirbel an der Schnur befestigen, aber davon raten wir Ihnen ab. Wenn Sie einen Karpfen verlieren (davon gehen wir nicht aus, aber dieses Unglück ist immer möglich), wird der Karpfen mit einem Stück Blei herumschwimmen müssen.

Auch von Bleischrot als Alternative sind wir nicht begeistert. Eine weiche Bleikugel verschiebt sich, und hartes Blei beschädigt die Schnur. Kurzum, alles was wir versucht haben, hat sich nicht bewährt.

Bis Hans einen guten Einfall hatte. Ein Stückchen Silikongummi und als Stäbchen darin ein Plastikhaar, war die Lösung (Fred Buzzerd ‚back stop'). Dieser Bleistopper kann ohne viel Mühe verschoben werden, ohne die Schnur zu beschädigen.

Die Boilie-Nadel

Eine einfache Nadel ist für harte Boilies zu schwach und Ihre Finger gleiten über den glatten Stahl. Eine echte Boilie-nadel hat einen Handgriff und eine dicke Nadel mit einem Haken hinter der Spitze. Sie stecken die Nadel zuerst durch das Boilie, hängen die Haarschlinge in den Haken und ziehen Nadel und Schlinge wieder zurück. Einen Grashalm in die Schlinge und das Boilie dagegen drücken. Fertig!

Angeltechniken

Im Sommer 1975 fischte der damals noch unbekannte Lenny Middleton in einem Gewässer, das außer den vorhandenen Karpfen einen reichen Bestand an Brachsen und Schleien aufwies. Fortwährend wurde der weiche Köder vom Haken gepflückt, was besonders während des Fischens in der Nacht ärgerlich war. Sobald er eingeworfen hatte, stürzten sich Brachsen und Schleien auf den Köder. Die Karpfen fanden meistens einen leeren Haken vor. Um dieses Problem zu lösen, hat er zu Hause die großen Köderkugeln mit hohem Eiweißgehalt für eine Minute in kochendes Wasser gelegt. Sie bekamen dadurch eine gummiartige Außenschicht. Auch dieser neue Köder war den hartnäckigen Angriffen der Weißfische nicht gewachsen. Der Köder war immer noch zu weich. Nachdem er mit verschiedenen Zutaten experimentiert hatte, ersetzte er Milchpulver und Weizenkleie durch Grießmehl. Aus diesem Teig rollte er kleinere Kugeln und kochte diese sogar fünf Minuten. Auf diese Weise wurden die Kugeln durchgehärtet! Middleton war jetzt voller Zuversicht, daß er dank dieses Köders auf jeden Fall von der Brachsenplage erlöst wäre. Fraglich war aber, ob die Karpfen überhaupt an diesen harten Kugeln interessiert sein würden. Als Lenny zum ersten Experiment an seinen vertrauten Platz angelangt war, bemerkte er, daß die gekochten Kugeln während des Abkühlens noch härter geworden waren. So hart, daß er noch mehr an seinem neuen Köder zweifelte. Außerdem wurde Lenny mit dem Problem der Köderbefestigung konfrontiert: Wie sollte diese harte Kugel an den Haken gesteckt werden?
Plötzlich wurde ihm klar, daß er unmöglich den Haken durch den

Köder schlagen könnte. Aber er war nun einmal an Ort und Stelle und die weichen Köder hatte er absichtlich zu Hause gelassen. Es blieb ihm also nichts anders übrig, als es mit diesen Betonkugeln zu versuchen. Er befestigte einen Haken Größe 2, drückte daraufhin den Köder über die Hakenspitze, schob ihn weiter über den Hakenschenkel, wobei die Spitze völlig frei blieb. Lenny Middleton warf an einer Stelle aus, von der er wußte, daß sich dort regelmäßig Karpfen aufhalten. Er war von Zweifeln gequält. In allen Fachbüchern stand ja, daß der Haken unsichtbar verhüllt sein müsse, weil der Karpfen sonst abgeschreckt würde. Er beschloß deswegen, sich einige Stunden hinzulegen. So weit kam es aber nicht, denn schon bald fing der elektronische Bißanzeiger zu summen an, und die Schnur wurde mit großer Geschwindigkeit von der Spule abgezogen.

Das mußte ein gewaltiger Fisch sein, unverkennbar ein Karpfen! Sofort nach dem Fang kontrolliert Lenny, ob dieser Fünfzehnpfünder nicht blind sei, und als sich dann herausstellte, daß das nicht der Fall war, fragte er sich, ob nicht alle Geschichten über den verborgenen Haken reine Erfindung wären. Auf jeden Fall hatte Lenny jetzt die Erfahrung gemacht, daß ein riesiger Karpfen einen *harten* Köder von einem Haken mit *freier* Spitze genommen hatte.

Er köderte abermals an und warf wieder ein. Innerhalb einer Stunde fing er wieder einen schönen Karpfen. Jetzt wußte er genug. Lenny informierte seinen Angelkameraden Keith Gillings, der irgendwo am gleichen Wasser fischte. Keith versuchte sofort diesen neuen Köder und auch er hatte Erfolg. Am Ende des Ansitzes kamen sie zu dem Schluß, daß sie mit dem neuen Köder nicht nur die Brachsen und Schleien abwehren konnten, sondern daß sie außerdem erheblich mehr Karpfen gefangen hatten als sonst. Obgleich Lenny und Keith sich darüber im Klaren waren, daß sie eine bedeutende Entdeckung gemacht hatten, konnten sie in diesem Augenblick überhaupt nicht ahnen, was für eine gewaltige Veränderung dies für die Karpfenfischerei bedeuten sollte.

Rein zufällig erfuhr Lenny, daß die Befürchtung, Karpfen hätten Angst vor dem Haken, nicht berechtigt war. Im Grunde erreichte er mit dem großen Haken, daß der Karpfen sich selber hakte.

Obgleich er dieses ‚side-hooking-system' (d. h., daß der Köder an der Hakenseite steckt) nicht zielbewußt entwickelt hatte, funktionierte es eigentlich wie eine Art ‚bolt-rig'. Auf diese Weise wurde die Basis für die Entwicklung der jetzigen ‚bolt-rigs' und ‚hair-rigs' gelegt.

Im weiteren werden die meisten Vorfächer mit ihren englischen Namen angegeben, weil es oft schwierig ist, einen englischen Begriff kurzgefaßt zu übersetzen. Den Versuch einer deutschen Definition finden Sie am Ende des Buches.

Viele von uns haben beim Angeln die Erfahrung machen müssen, daß der Karpfen ein „kluger" Fisch ist, der schnell lernt. Diese Erscheinung ist durch Versuche bei der ‚Holländischen Organisation zur Verbesserung der Binnenfischerei' eindeutig bewiesen worden. Daraus ergibt sich, daß wir immer nach neuen Methoden suchen müssen, um dem Fisch stets einen Schritt vorauszubleiben. Das gilt besonders für die kleineren Kulturgewässer, an denen viel gefischt wird. Um richtig zu verstehen, warum die neuen Methoden besser funktionieren, werden wir versuchen zu schildern, was unter Wasser vorgeht.
Große Karpfen sind äußerst scheu. Der Köder mußte also besonders weich sein, damit er keinen Argwohn erregte. Das heißt . . . das war bislang die Auffassung. Damit aber *selektiv* gefischt werden konnte, verwendete man als Köder Kartoffeln in der Größe eines Hühnereis. Übersehen wurde dabei aber, daß auch kleinere Fische dazu fähig sind, solche weichgekochten Kartoffeln zu zerbröckeln und zu fressen.
Wir waren uns aber nie bewußt, daß einem Karpfen auch Schnecken und Muscheln schmecken. Karpfen verfügen nämlich über sehr kräftige Schlundzähne, mit denen sie sogar die härteste Nahrung knacken können. Denken Sie z. B. an die verschiedenen Schneckenarten und an die Süßwassermuschel. Besonders letztere ist steinhart. Versuchen Sie einmal eine mit den Händen zu zerdrücken. Trotzdem ist der Karpfen mit Hilfe seiner Schlundzähne dazu fähig, die Schale ohne Mühe zu knacken, und sich an dem weichen Muschelfleisch gütlich zu tun. Die harte Schale

frißt der Fisch aber auch. Davon zeugen die Schalenreste, die man regelmäßig im Karpfenkot gefunden hat. Jetzt, wo Sie das wissen, brauchen Sie sich nicht mehr zu fragen, ob der Karpfen imstande ist, die harten Boilies zu knacken und zu fressen. Sogar die härtesten Boilies sind für ihn kein Problem. Wenn ein Karpfen ein Boilie aufnimmt, das an einem Haken befestigt ist, wird er nicht vor dem Haken erschrecken – er ist ja an harte Köder gewöhnt – sondern dieses Boilie zu den Schlundzähnen transportieren, wobei der Haken tief ins Maul eindringt.

Die verschiedenen „Rigs" bzw. Köderpräsentationssysteme die wir behandeln, können wir in Rigs für das Fischen mit Boilies und in Rigs für das Fischen mit Particles unterteilen. Für Particles gibt es besondere Rigs, weil die Präsentation der Particles mit diesen besonders natürlich wirkt und als Folge davon der Karpfen beim Einsaugen die Schnur mit den Schlundzähnen durchbeißen kann. Dieses Problem haben wir bei den Rigs für Particles besonders behandelt. Bei der Behandlung der einzelnen Rigs ist eine aufbauende Reihenfolge gewählt. Wenn Sie auf der untersten Sprosse einer Leiter anfangen, können Sie noch hochklettern damit Sie dem Karpfen immer einen Schritt vorausbleiben. Wer sofort oben anfängt, kann nicht mehr zurück. Natürlich ist dies alles auch abhängig von den Aktivitäten anderer Karpfenfischer am gleichen Gewässer. Wenn diese schon halbwegs auf der Leiter stehen, hat es für Sie keinen Sinn, auf der untersten Sprosse anzufangen.

Befinden Sie sich in der glücklichen Lage, daß Sie in einem ‚jungfräulichen' Gewässer fischen können, und damit meinen wir hier ein Gewässer, in dem noch nicht mit Boilies oder Particles gefischt wurde, so kommt als erstes System das sogenannte „side-hooking" in Betracht.

Rig 1 : side-hooking

Dieses Vorfach wird folgendermaßen befestigt: Aus normalem Nylon oder geflochtener Schnur wird ein etwa 30 cm langes Vorfach gebunden, das mit einem Wirbel an der Hauptschnur befestigt wird. Zwei geeignete Knoten dafür sind der Palomar und der halbe Blutknoten.

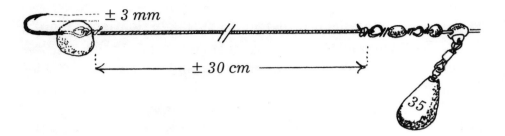

Bevor das Vorfach befestigt wird, wird ein Nadelwirbel oder ein ‚ledger link bead' auf die Schnur geschoben, an dem später das Blei befestigt wird. Dann wird eine Perle oder ein Stückchen Silikongummi auf die Schnur geschoben. Perle oder Gummi schützen den Knoten und verhindern das Verdrehen des Vorfachs.

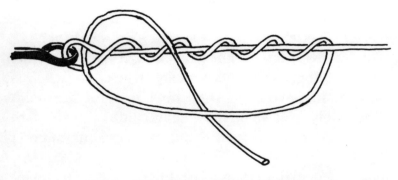

Halber Blutknoten

Als Blei kommt an erster Stelle Wirbelblei in Betracht, mit einem Gewicht von mindestens 30, besser noch 35 bis 40 Gramm. Zusammenfassend erwähnen wir noch kurz die Funktion des Bleies.

- Zuerst müssen Sie den leichten Köder werfen können. Falls 30 Gramm nicht ausreichen, nehmen Sie ohne weiteres ein schwereres Blei. Das mindert die Funktionstüchtigkeit des Rigs nicht.

- Weiter hat das Blei die Funktion, den Köder an der gleichen Stelle zu halten. Das gilt besonders für fließendes Wasser, oder bei einer Unterströmung und bei rauhem Wetter.

- Schließlich ist Blei erforderlich, den Haken richtig ins Fleisch des Karpfenmaules einzutreiben. Wird zu leichtes Blei verwendet, so dringt der Haken nicht tief genug ein und er wird ausgespuckt.

Die Hakengröße wird mehr oder weniger durch den Köder bestimmt. Wenn das Boilie am Hakenschenkel befestigt ist, soll genügend Raum zwischen Spitze und Boilie übrigbleiben. Das ist von größter Bedeutung, weil sonst die Wirkung des Rigs verloren geht.

Dank des sorgfältig gewundenen „Palomar-Knotens" konnte auch dieser Kraftprotz sicher gelandet werden.

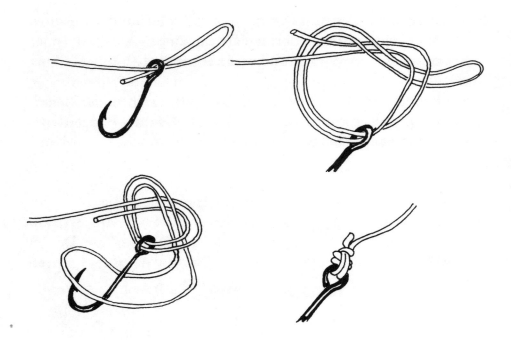

Der Palomar-Knoten

Die beste Hakwirkung wird nicht nur durch einen Haken der richtigen Größe, sondern auch durch die richtige Art und Weise, wie das Boilie am Haken befestigt wird, erreicht. Dazu wird der Haken nicht genau durch die Mitte des Boilies gesteckt, sondern mehr seitlich. Dann wird das Boilie über den Schenkel bis an das Hakenöhr geschoben. Dadurch wird genügend Raum zwischen Hakenspitze und Boilie beibehalten. Wird das Hakenöhr ein wenig ins Boilie gedrückt, so wird verhindert, daß sich das Boilie um den Schenkel herumdreht.

Side-Hooking

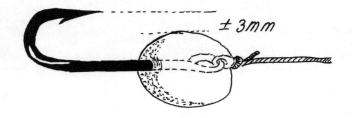

Eine Variante zum „side-hooking" ist das sogenannte ‚top-hooking'. Obgleich diese Anköderungsart weniger geläufig ist, ist sie bestimmt nicht weniger erfolgreich. Statt das Boilie bis zum Hakenöhr weiterzuschieben, wird es nur bis in den Hakenbogen geschoben. Dabei können Sie auch einen kleineren Haken benutzen, weil Sie den Freiraum zwischen Hakenspitze und Boilie nicht mehr zu berücksichtigen brauchen.

Top-Hooking

Beim „side-hooking" werden keine Schnurklemmen benutzt. Nur der Kletterbißanzeiger, zusammen mit dem Blei, sorgt für den nötigen Widerstand. Wie schon bei der Materialbesprechung gesagt wurde, ist der Kletterbißanzeiger allen anderen gängigen Bißanzeigern vorzuziehen. Die Anbisse sind manchmal so wild, daß ein anderer Bißanzeiger sich um die Rute schlingen würde. Außerdem sorgt der Kletterbißanzeiger für einen gleichmäßigen Druck auf die Hakenspitze, während die Schnur von der Rollenspule abgezogen wird. Wie bei allen Boilie-Techniken ist es auch hier von größter Bedeutung, daß der Schnurfangbügel während des Fischens geöffnet ist.

Rig 2: bolt-rig

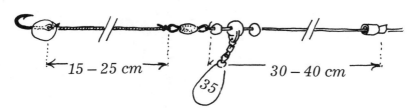

Nach einiger Zeit werden die Karpfen sich daran gewöhnt haben, und die Wirkung des „side-hooking"-Systems läßt nach. Der Karpfen ist jetzt auf der Hut und wird beim Aufsaugen sofort den Unterschied zwischen einem am Haken befestigten Boilie und den frei am Boden liegenden Boilies bemerken. Noch bevor sich das Vorfach gestreckt hat und der Haken unter Druck gerät, hat der Karpfen das Boilie schon ausgespuckt. Wenn das oft geschieht, das wird sich durch die geringere Zahl der Anbisse, wie auch durch kurze Züge an der Schnur zeigen, ohne daß darauf ein Run folgt, kann das bolt-rig eine Lösung sein.

Das Vorfach wird auf 15 bis 20 cm verkürzt. Die Bewegungsfreiheit des Karpfens, der das Boilie aufgenommen hat, ist dann eingeschränkt. Der Fisch wird sich anders gesagt, schneller haken und hat weniger Gelegenheit, das Boilie auf etwaige Gefahr zu prüfen.

Damit dem Karpfen möglichst wenig Raum bleibt, soll eine Schnurklemme verwendet werden. Diese wird vor dem Bißanzeiger an der Rute befestigt. Nach dem Einwurf stecken Sie die Rutenspitze unter Wasser und fassen die Schnur in Höhe des Leitringes. Mit der Rute in dieser Position holen Sie langsam Schnur ein, damit sie sinkt. Jetzt wird die Rute in die Halter gelegt und die Schnur straff bis zum Blei gezogen. Achten Sie darauf, daß Blei und Köder nicht verschoben und in den Schlamm gedrückt werden. Auch Schmutz kann am Haken hängenbleiben. Der Köder benimmt sich dann nicht mehr natürlich und die Hakwirkung geht verloren. Dann wird die Schnur in die Schnurklemme eingeklemmt. Schließlich wird der Kletterbißanzeiger in die Schnur gehängt und der Fangbügel geöffnet. Haben Sie, wie schon vorhin erwähnt wurde, den Kletterbißanzeiger zwischen Rolle und Leitring in Position gebracht, so wird die Schnur unten an der Rolle in den Runclip geklemmt. Auch ist es möglich, den Kletterbißanzeiger in Höhe der Rollenspule zu plazieren. In diesem Fall ist ein Runclip überflüssig, weil die Schnur straff von der Rolle bis zum Bißanzeiger läuft. Dabei soll der Stab an der linken Seite der Rute stehen, weil sonst eine Blockierung der Schnurabgabe nicht auszuschließen ist. Ein Karpfen, der den Köder aufnimmt, kann nur einige Dezimeter mit dem Boilie davonschwimmen, dann wird er sich sofort haken. Die Schnur wird aus der Schnurklemme gezogen und der dadurch erzeugte Widerstand reicht auf jeden Fall aus, die Hakenspitze ins Maul einzutreiben. Durch den fortwährenden Widerstand des Kletterbißanzeigers kann der Haken nicht herausfallen. Sie brauchen nur noch den Bügel zu schließen (wir erwähnen das kurz, falls Sie es vergessen sollten) und anzuheben, damit der Haken bis über den Widerhaken eindringt. Wie Sie auf der Zeichnung sehen können, ist es möglich, 30 bis 50 cm hinter dem Wirbel noch einen Bleistopper zu befestigen, aber wirklich notwendig ist das nicht. Was jetzt geschieht, ist ziemlich klar: der Fisch erschrickt durch den ersten Stich und flieht, bis der Bleistopper gegen das Blei stößt. Dadurch wird der Haken noch tiefer eindringen. Es bleibt Ihnen völlig überlassen, mit oder ohne Stopper zu fischen. Besonders wenn Sie bei den Ruten bleiben und schnell reagieren, können Sie den Stopper ohne weiteres weglassen.

Es spricht einiges für den Gebrauch eines Stoppers beim Angeln auf große Entfernung, weil durch das Durchhängen der Schnur die Wirkung der Schnurklemme stark verringert wird.

Besonders in Gewässern, in denen bolt-rig gefischt wird ist eine ‚Schnurdressur' möglich. Das heißt, daß die Karpfen die straffe Schnur mit ‚Gefahr' verbinden. In diesem Fall kann das System einigermaßen angepaßt werden. Dies ist ein weiterer triftiger Grund, einen Stopper zu verwenden. Der Stopper wird kurz hinter dem Wirbel befestigt, oder an den Wirbel geheftet. Die Schnur wird nach dem Einwurf nicht straff gezogen, sondern es wird gerade etwas mehr Schnur freigegeben, so daß auf jeden Fall auf Köderhöhe die Schnur am Boden liegt. Dann erst wird die Schnur in die Schnurklemme eingeklemmt, aber jetzt nur, damit weitere Schnurabgabe durch den Wind oder Unterströmung verhindert wird. Durch das festgesetzte Blei und das kurze Vorfach wird der Karpfen sich sofort haken.

Rig 3: hair-rig

Ohne zu übertreiben können wir sagen, daß das hair-rig eine wahre Revolution in der Karpfenfischerei bedeutet. Die Erfinder waren Kevin Maddocks und wieder Lenny Middleton. Sie bemerkten beim Ausprobieren mehrerer Systeme in einem Aquarium, daß die Karpfen deutlich den Unterschied zwischen freiliegenden und Boilies am Haken bemerkten. Die Karpfen erschraken nicht nur vor dem Haken, sondern vor allem vor dem steifen Nylon. Sie befestigten deswegen den Köder an einem äußerst dünnen Stück Nylon von 0,08 mm. Dieses hauchfeine Schnürchen wurde im Hakenbogen festgebunden. Im Testaquarium sahen sie, daß der Köder, auf diese Weise befestigt, sich viel natürlicher verhielt. An diesem dünnen Nylonende bewegt sich der Köder fast so natürlich wie die freiliegenden Boilies. Die Karpfen saugten die Boilies sofort zu den Schlundzähnen, so daß auch der Haken folgte und im Maul ankam. Man hatte jetzt eine neue Anköderungsweise.

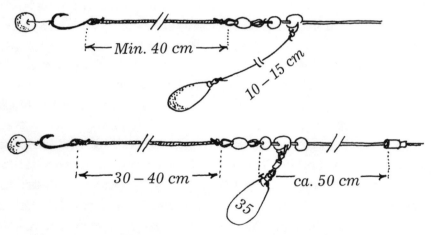

Beim Fischen mit dem hair-rig soll das Vorfach länger sein als beim bolt-rig. Wenn der Karpfen das Boilie aufnimmt, soll der Haken dem Boilie zum Maul folgen können. Ist das Vorfach zu kurz, besteht die Gefahr, daß der Widerstand von Blei und Bißanzeiger schon auftritt, wenn der Haken noch außerhalb des Karpfenmaules ist. Der Fisch wird den Köder sofort ausspucken, oder es folgt ein nervöser Anbiß, [und ein Fehlanhieb]. Ein gebrochenes Haar und ein erschrockener Fisch werden die Folge sein. In Kombination mit dem hair-rig sollen kleinere Haken verwendet werden, z. B. Nummer 4 oder 6. Solange der Karpfen den Haken noch nicht im Maul hat, darf er ihn nicht bemerken. Große

Haken sind schwer, so daß natürliche Verhalten des Köders beeinträchtigt wird. Außerdem erschweren sie oft den Weg, den sie mit dem Köder zum Maul zurücklegen müssen.

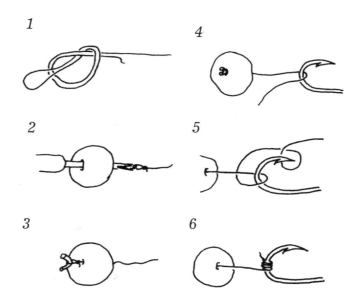

Es gibt zwei Typen hair-rigs (siehe Zeichnung). Der erste Typ gibt dem Fisch die größtmögliche Bewegungsfreiheit während des Inspizierens des Köders und hat die natürlichste Bißweise zur Folge. Dieses rig ist aber weniger zum Fischen auf Entfernung geeignet, weil sich die Seitenschnur, an der das Blei befestigt ist, schnell um die Hauptschnur schlingen kann.
Das zweite Rig hingegen ist für größere Entfernungen geeignet. Dieses System kann in Kombination mit einem Hinterstopper verwendet werden, der dann etwa 50 cm hinter dem Wirbel gesetzt wird. Entstehen aber halbe Runs, die gerade dann, ehe das Blei gegen den Hinterstopper stößt enden, soll dieser Stopper näher zum Wirbel gestellt werden. Der Abstand soll aber nicht zu kurz sein, mindestens 20 cm. Je größer nämlich der Abstand, desto höher die Geschwindigkeit des fliehenden Fisches und desto tiefer wird die Hakenspitze eindringen. Achten Sie aber darauf, daß dieser Abstand und die Länge des Vorfachs nie gleich sind. Es ist durchaus möglich, daß sich bei einem unglücklichen

Wurf der Haken hinter den Schnurstopper verirrt. Von einer richtigen Anköderung ist dann nicht mehr die Rede.

Rig 4: bolt-hair-rig

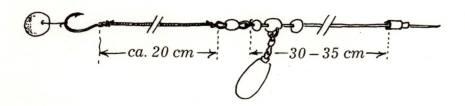

Nach einiger Zeit werden auch beim Standard hair-rig-System Gewöhnungserscheinungen auftreten, besonders wenn in den gleichen Gewässern fortwährend damit gefischt wird. Das wird sich durch Stöße gegen den Bißanzeiger, wobei ein resoluter Run ausbleibt, zeigen. Dieses rig, welches im Grunde eine Kombination von bolt-rig und hair-rig ist, kann aber zu besseren Ergebnissen führen. Damit der bolt-Effekt erreicht wird, wird wieder eine Schnurklemme an der Angelrute befestigt und das Vorfach auf etwa 20 cm verkürzt. Außerdem wird die Haar-Länge bis auf etwa 1 cm verkürzt (siehe Zeichnung A). Das Haar kann sogar so verkürzt werden, daß das Boilie nahezu am Hakenbogen hängt (Zeichnung B). In diesem Fall ist es unserer Meinung nach fraglich, ob hier noch vom hair-rig-Prinzip die Rede ist. Mit top-hooking (Siehe C) erreichen Sie in diesem Fall fast den gleichen Effekt.

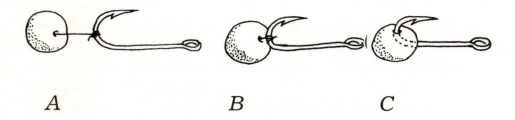

A *B* *C*

Auch bei diesem System kann außer einer Schnurklemme sicherheitshalber noch ein Hinterstopper eingebaut werden.

Rig 5: hair-rig aus geflochtener Schnur

In stark befischten Gewässern kann der Karpfen sich so an das Nylonvorfach gewöhnen, daß er es mit Gefahr in Verbindung bringt. Die Karpfen akzeptieren den Köder erst, wenn sie hundertprozentig sicher sind, daß keine Gefahr droht. Durch Beobachtung hat man festgestellt, daß der Karpfen mit dem Bauch über die Futterstelle schiebt, um die Boilies zu inspizieren. Außer im Maul hat der Karpfen nämlich auch Geschmackpapillen auf der Bauchregion, mit denen er den Boden nach Nahrung abtasten kann. Auf diese Weise ist er auch imstande, steifes Nylon zu spüren. Wenn das der Fall ist, ist er meistens schnell verschwunden. Auch haben wir regelmäßig beobachtet, daß der Fisch mit großer Kraft seine Bauchflossen über der Futterstelle bewegt. Dadurch gerät der Köder in Bewegung und löst sich vom Boden. Das Hakenboilie wird sich dabei anders benehmen, als die freiliegenden Boilies. Versuchen Sie das zu Hause mal in einem Eimer Wasser. Legen Sie einige Boilies hinein und eines, das mittels eines Haars an einem Nylonvorfach befestigt ist. Rühren Sie dann mit einem Löffel im Wasser. Sie werden bemerken, daß sich die freiliegenden Boilies viel lockerer bewegen. Eine geflochtene Schnur schafft hier Abhilfe.

Inzwischen ist wohl allgemein bekannt, daß ein Fisch eher erschrickt wenn er die Schnur fühlt, als wenn er sie sieht. Viele Karpfenfischer sind immer noch der Meinung, daß der Erfolg des dünnen Haars der Tatsache zuzuschreiben ist, daß der Karpfen diese hauchdünne Schnur nicht sehen kann. Der wirkliche Grund ist aber, daß diese dünne Schnur viel geschmeidiger ist als das steife Vorfach. Aus diesem Grund kann, wenn eine geflochtene Schnur benutzt wird, das Haar genausogut aus der gleichen geflochtenen Schnur gemacht werden. Wenn Sie dieses Rig zusammenstellen, gehen Sie folgendermaßen vor: Zuerst knüpfen Sie auf die übliche Weise den Haken an die geflochtene Schnur. Sie sollten nur dafür sorgen, daß das Ende lange genug bleibt (mindestens 10 cm). Dieses Stückchen Schnur stecken Sie so durch das Hakenöhr, daß die Schnur hinter dem Hakenschenkel liegt.

Danach knüpfen Sie eine Schlinge an deren Ende, mit deren Hilfe nachher das Boilie an diesem Haar befestigt wird. Die Länge dieses Haars sollte so sein, daß das Boilie etwa 1 cm unter dem Hakenbogen hängt. Nun ist die Gefahr viel geringer, daß der Karpfen beim vorsichtigen Kosten des Boilies den Haken wieder ausspuckt. Bei diesem Rig springt der Haken heraus, wenn die Schnur unter Spannung gerät. Versuchen Sie das einmal selbst, indem Sie das Vorfach an der einen Seite bei der Schlinge fassen und an der anderen Seite beim Wirbel. Wird an beiden Enden gezogen, so springt der Haken heraus. Auch während des Aufsaugens des Boilies wird die Schnur gespannt werden und der Haken im Karpfenmaul herausspringen, wodurch der Fisch sich selbst hakt. Nehmen wir an, daß der Fisch entgegen allen Erwartungen doch nicht gehakt wird. Durch den Widerstand des angespannten Vorfachs wird das Boilie so schnell wie möglich ausgespuckt. Die Chance, daß der Haken doch noch im Fleisch stecken bleibt ist hier viel größer als beim Standard-haar-rig, bei dem das Haar im Hakenbogen verknüpft ist. Die Zeichnung wird einiges verdeutlichen.

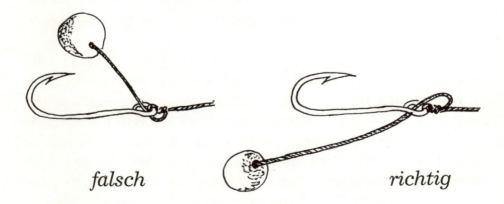

falsch *richtig*

Rig 5 wird Ihnen sicherlich auch während des Fischens in der Nacht viel Ärger ersparen. Wenn Sie jetzt einen Fisch fangen oder beim Einziehen der Schnur hängenbleiben, wird das Haar nicht so schnell reißen. Sie brauchen also nicht immer wieder eine neue Schnur anzuknüpfen, sondern können die ganze Nacht hindurch mit dem gleichen Haar fischen. Das erspart Ihnen viel Mühe. Besonders in klaren Gewässern bietet die geflochtene Schnur noch einen zusätzlichen Vorteil: Sie können die Farbe des Haars der des Bodens anpassen.

Auch André ist davon überzeugt, daß das Haar-Rig aus geflochtener Schnur beim Fischen in der Nacht viele Vorteile bietet. Dieser Fang spricht für sich...

Eine schwarze geflochtene Schnur ist auf dunklem Boden, wie Lehm- oder Moorboden, nahezu unsichtbar. Auf einem Sandboden sollte die Schnur braun sein, und beim Fischen zwischen Wasserpflanzen wird grün am wenigsten auffallen. Geflochtenes Nylon ist in den Farben weiß, schwarz und braun gängig. Die weiße Schnur kann sehr leicht mit Textilfarbe oder einem wasserfesten Filzstift gefärbt werden. Wir wissen, daß viele Karpfenfi-

Standard-Haar

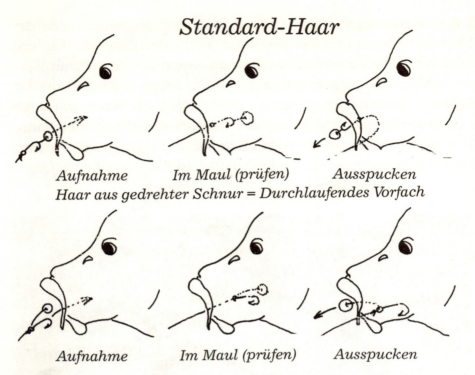

Aufnahme *Im Maul (prüfen)* *Ausspucken*
Haar aus gedrehter Schnur = Durchlaufendes Vorfach

Aufnahme *Im Maul (prüfen)* *Ausspucken*

scher großen Wert auf die Farbe legen, sind aber der Meinung, daß die Geschmeidigkeit viel wichtiger ist. Außerdem sind die meisten Karpfengewässer besonders im Sommer ziemlich trübe. So wie beim Fischen im Dunkeln spielt die Farbe dann wahrscheinlich keine Rolle.

Rig 6: paternoster-rig

Das paternoster-rig bietet die Möglichkeit, den Köder einmal auf eine völlig andere Weise anzubieten. Das Blei befindet sich jetzt vor dem Köder: Das gleiche Prinzip wie beim Seepaternoster. Der große Unterschied aber ist, daß nur eine Seitenschnur gebraucht wird, statt drei wie beim Seepaternoster. Der Gebrauch von mehr als einer Seitenschnur wäre an und für sich möglich, hat aber nur Nachteile. Zunächst könnte alles leicht durcheinander geraten. Außerdem besteht die Gefahr, daß der freihängende Haken während des Drills im Körper des Fisches oder an einem Hindernis hängenbleibt.

Mit dem paternoster-rig kann auf zwei Weisen geangelt werden: mit einer gleitenden Seitenschnur durch das Öhr des Wirbels, oder mit einer festen Seitenschnur an einem Dreiwegwirbel. Weil der Köder sich zwischen Blei und Bißanzeiger befindet und die Schnur ziemlich angespannt ist, ist hier die Rede von einem empfindlichen System, mit dem äußerst scharf gefischt werden kann. Trotzdem kann auf diese Weise oft an Tagen Erfolg erzielt werden, an denen der Fisch sehr träge frißt und nicht zu beißen scheint.

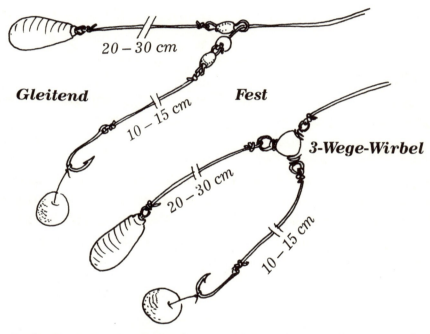

Damit die Vorteile dieses Systems nicht verloren gehen, ist es besser, keine Schnurklemmen zu verwenden. Der Kletterbißanzeiger sorgt für ausreichenden Widerstand, und Sie sind imstande, sogar auf einen vorsichtigen Biß zu reagieren. Dies trifft besonders bei einer gleitenden Seitenschnur zu. Doch auch bei der festen Seitenschnur ist eine Schnurklemme nicht unbedingt notwendig. Der Köder kann auf verschiedene Weise befestigt werden. Sowohl side-hooking, top-hooking als auch die Befestigung eines Haars haben sich für dieses System als geeignet erwiesen. Das Haar darf aber nicht länger als 1 cm sein. Gerade wenn dieses System angewandt wird, ist die Gefahr groß, daß bei einem zu langen

Haar der Haken außerhalb des Karpfenmaules bleibt. Da ein geflochtenes Vorfach leichter durcheinander geraten kann, was bei diesem Rig ohnehin eine delikate Sache ist, empfehlen wir in diesem Fall ein einfaches Nylonvorfach zu benutzen.

Dieses Rig ist bestimmt nicht besser als die anderen besprochenen Rigs, doch eine andere Anköderungsweise. Ein Rig also, das Sie sich merken und mit dem sie experimentieren sollten, wenn es mit dem Fang einmal nicht klappt.

Rig 7, 8 und 9: suspended rigs

Als guter Karpfenfischer müssen Sie immer die Bodenverhältnisse Ihres Fischwassers berücksichtigen. In vielen guten Karpfengewässern haben Sie es mit einem weichen Schlammboden zu tun. In manchen Fällen ist der Boden sogar mit einer schwebenden Schlammschicht bedeckt, die sich infolge einer Unterströmung verschieben kann. Besonders in Seen, die durch Lehm- bzw. Torfabgrabungen entstanden sind, kommt das häufig vor.

Möchten Sie die Karpfen in einem Gewässer mit weichem Boden fangen, so müssen Sie Ihre Technik anpassen. Der Köder darf nicht zu schwer sein, damit er nicht im Schlamm versinkt.

Wie solche leichten Boilies hergestellt werden, wird später besprochen. Bei der Verwendung leichter Köder, stoßen Sie schnell auf Probleme. So wie mit Particles, ist das Füttern mit sehr leichten Boilies nur auf beschränkte Entfernung möglich, wenn Sie nicht über ein Boot verfügen. Auch mit der PVA-Tüte sind Entfernungen über 50 m nicht mehr erreichbar.

Dem Fischen auf weichem Boden sollen auch die Vorfächer angepaßt werden.

Rig 7 ist zweifelsohne das beste, was Sie in einem Gewässer anwenden können, wo der Boden mit einer sehr weichen, schwebenden Schlammschicht bedeckt ist. Das heißt nicht, daß Sie in einer solchen Situation mit anderen Rigs nichts anfangen können, doch die Erfahrung hat gezeigt, daß Sie mit diesem Rig die besten Erfolge erzielen.

Sie benutzen ein Boilie mit Auftrieb (siehe Köderzubereitung).

Die Schwimmfähigkeit soll groß genug sein, den Haken zu tragen. Ein Bleischrot am Vorfach bewirkt das langsame Sinken des Boilies. Die Entfernung des Bleischrotes wird durch die Dicke der Schlammschicht bedingt. Das ist in der Regel ziemlich einfach herauszufinden. Schätzen Sie die Dicke der Schlammschicht und bringen Sie das Bleischrot in diesem Abstand an. Erwarten Sie z. B., daß Bleischrot etwa 4 cm im Schlamm versinkt, so bringen Sie das Bleischrot 5 cm vom Boilie entfernt an. Dann werfen Sie ein. Nach etwa einer Viertelstunde holen Sie ein und kontrollieren das Boilie. Wenn dieses nach Schlamm riecht, vergrößern Sie den Abstand. Riecht das Boilie nicht, und ist es nicht verfärbt, heißt das, daß das Boilie über der Schlammschicht schwebte. Es ist empfehlenswert, diese Daten in Ihrem Notizbuch aufzuschreiben, damit dieses „Ausloten" das nächste Mal überflüssig ist. So wird auch verhindert, daß die Karpfen durch das wiederholte Einwerfen und Einholen verjagt werden.

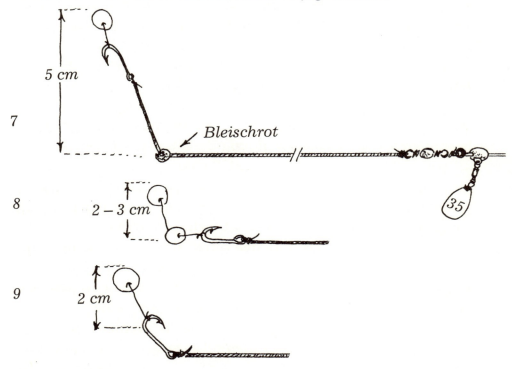

Sie brauchen keine Angst zu haben, daß das schwere Blei im Schlamm versinkt; wenn das aber der Fall ist, wirkt das Rig nicht weniger effektiv. Im Gegenteil, die ganze Boiliefischerei zielt ja darauf ab, Widerstand einzuplanen. Allerdings können Sie das Vorfach etwas länger nehmen, wenn das Blei zu tief sinkt und die effektive Länge des Vorfachs dadurch zu kurz wird.

Rig 8 ist gleichfalls zum Fischen auf weichem Boden geeignet, aber nicht für eine schwebende Schlammschicht. In diesem Fall befestigen Sie am Haar sowohl ein treibendes Boilie als auch eines, das sinkt. Das Gewicht des sinkenden Boilies soll das Schwimmvermögen des anderen aufheben. Der Haken und das sinkende Boilie liegen am Boden, während das treibende Boilie gerade noch darüber schwebt. Die Verwendung einer Bleikugel ist hier also nicht notwendig.

Rig 9 ist speziell für Boden mit ‚niedrigem' Pflanzenwuchs. Das Boilie soll in diesem Fall im Wasser schweben. Das Gewicht des Hakens sollte nämlich ausreichend sein, das Schwimmvermögen auszugleichen. Der Köder sinkt dann langsam mit dem Haken zu Boden. Bei der geringsten Berührung mit dem Boden oder einer Pflanze bleibt das Boilie hängen. Auf diese Weise kann der Köder niemals zwischen den Pflanzen versinken. Weil das Gleichgewicht zwischen Boilie und Haken sehr empfindlich ist, ist es empfehlenswert, zu Hause damit zu experimentieren. Zum Herstellen schwebender Boilies muß das Verhältnis zwischen leichten und schweren Zutaten sehr sorgfältig abgestimmt werden. Das ist eine Erfahrungsfrage. Sind die Boilies aber doch noch ein wenig zu schwer, dann ist dem abzuhelfen, indem Sie sie einen Augenblick im Ofen backen. Nehmen Sie dann regelmäßig ein Boilie aus dem Ofen und tauchen Sie dieses zur Kontrolle in ein Glas Wasser. Diese drei Anköderungsweisen können auch auf hartem Boden nützlich sein. Wenn der Karpfen träge ist und wenig Bedürfnis nach Nahrung hat, wird der Fisch einem schwebenden Boilie aus Neugierde oft nicht widerstehen können. Außerdem werden sich diese Boilies natürlicher verhalten, wenn die Karpfen mit Brust- und Bauchflossen den Köder inspizieren. Schließlich weisen wir Sie daraufhin, daß mit diesen drei Systemen auf viele Weise gefischt werden kann. So können Sie sie zusammen mit einer Schnurklemme, als Variante auf das bolt-hair-System, mit oder ohne Hinterstopper usw. anwenden. Sie können auch eine Befestigung an einem hair-rig mit top-hooking anwenden. Ihnen bleibt die Wahl.

Rig 10: silt-rig

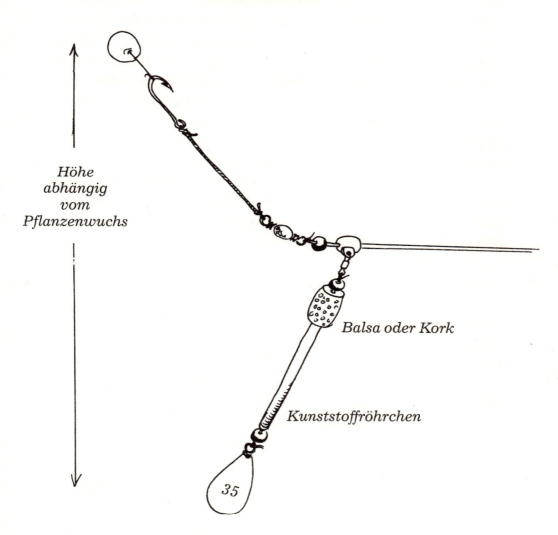

Dieses Rig ist speziell zum Anködern auf weichem Boden mit ‚hohen' Pflanzen (Algen) entwickelt worden. Der Köder bleibt auf den Pflanzen liegen.

Es sieht aus als wäre die Montage sehr kompliziert, aber in der Praxis ist alles halb so schlimm. Sie nehmen ein Stückchen Nylon und knüpfen es an das Wirbelblei. Anschließend schieben Sie eine Perle auf die Schnur und dann die leere Mine eines Kugelschreibers. Danach wird ein Stückchen Balsa oder Korken an die Schnur und wieder eine Perle auf die Schnur geschoben. Schließlich knüpfen Sie an das andere Ende einen Connector, der im ‚bead' befestigt wird. Der Schwimmkörper sorgt dafür, daß das Röhrchen aufrecht im Wasser hängt. Die Länge des Vorfachs wird durch die Höhe der Algen bestimmt. Der Köder soll langsam absinken. Auf diese Weise bleibt das Boilie auf den Pflanzen liegen und erregt die Neugier eines vorüberschwimmenden Karpfens. Bei diesem System sollten Sie sich, besonders in seichtem Wasser, vor Wasservögeln in acht nehmen. Gewässer mit viel Pflanzenwuchs sind im allgemeinen ziemlich klar. Außerdem wird der Köder hoch im Wasser angeboten, so daß auch die Wasservögel ihn leicht finden können. Besonders Wasserhühner können Schwierigkeiten machen. Nicht nur Ihr Karpfenplatz ist dann verdorben, sondern es besteht auch die Gefahr, daß sie ein Wasserhuhn haken. Und es ist schwierig einen wild herumpickenden Vogel zu enthaken, eine Prozedur die weder für sie, noch für das Tier angenehm ist.

Rig 11 und 12: Variante auf das hair-rig

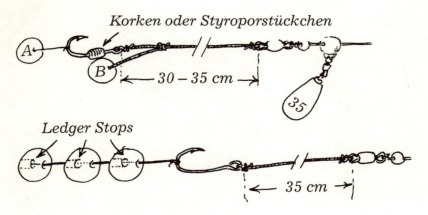

Rig 11 ist eine von Kevin Maddocks entwickelte Variante zu dem hair-rig, mit dem er in dem berühmten, aber äußerst schwierigen Wasser ‚Redmire Pool' gute Fänge erzielt hat. Es wird für den

Hans mit einem außergewöhnlich schönen Lederkarpfen von 24 Pfund, auch wieder in der Nacht gefangen...

Karpfen, der schon herausgefunden hat, daß eines zwischen den frei herumliegenden Boilies gefährlich ist, sehr schwierig herauszufinden, welches er liegenlassen soll. Es liegen nämlich zwei nebeneinander. Weil die Erfahrung gezeigt hat, daß dieses Rig mit leichten Boilies sehr wirksam ist, soll auch der Haken ausbalanciert werden. Dafür wird am Haken ein Kork- oder Styroporstreifen befestigt. Dies geschieht am besten mit Hilfe eines wasserfesten Sekundenklebers. Der Haken darf nicht treiben! Sollte das trotzdem der Fall sein, so schneiden Sie mit einer Rasierklinge etwas Material weg, bis der Haken langsam absinkt.

Rig 12 wurde von einem anderen englischen Karpfenchamp, Rod Hutchinson, entwickelt und basiert auf dem gleichen Prinzip. In diesem Fall liegen die Boilies in einer geraden Linie hinter dem Haken, statt eines hinter und eines neben dem Haken, wie im vorigen Rig. Der Karpfen, der sich daran gewöhnt hat, daß die Boilies beliebig herumliegen, wird wenig Argwohn hegen, wenn er auf 3 Stück in einer Reihe trifft. Erstens ist das wahrscheinlich eine neue Erfahrung für den Fisch und weckt seine Neugier, und zweitens wird es für ihn auch schwierig sein herauszufinden, in welchem Boilie sich die Gefahr verbirgt. 3 Boilies nebeneinander fallen eher auf. Die Befestigung der Boilies geschieht wie folgt: Das erste Boilie wird auf ein dünnes Haar gezogen, gegen einen Bleistopper gedrückt, der zuerst an dieser dünnen Schnur befestigt wurde. Dann wird etwa 1 cm oberhalb des Boilies ein weiterer Bleistopper montiert, gegen den das zweite Boilie geschoben wird. Auf diese Weise wird auch das dritte Boilie befestigt. Schließlich wird dieses Haar am Hakenbogen befestigt.

Weil durch diese drei Boilies beim Wurf mehr Kraft auf das Haar ausgeübt wird, ist ein dickeres z. B. 0.12 oder 0.15 zu empfehlen. Auch das Vorfach soll länger sein, mindestens 35 cm. Der Fisch soll ja die Möglichkeit haben, das ganze Haar von etwa 6 cm, den Haken eingeschlossen, ins Maul zu nehmen.

Wie das vorherige Rig ist dieses mit leichten Boilies oft wirksamer, weil sie einfacher auf einmal aufgesaugt werden können.

Dieses Rig müssen Sie für Gewässer, in denen schwere Karpfen schwimmen, reservieren. Wenn Sie von Karpfen unter dem Mindestmaß (weniger als fünfunddreißig Pfund?!) gequält werden, wird regelmäßig ein Fehlanhieb folgen weil der Haken noch außerhalb des Maules hängt, während das erste Boilie sich schon zwischen den Schlundzähnen befindet. Wenn Sie jeden Anbiß verfehlen und jedesmal ein neues Haar befestigen müssen, gehen Sie die Sache falsch an.

Rig 13: stringer-rig

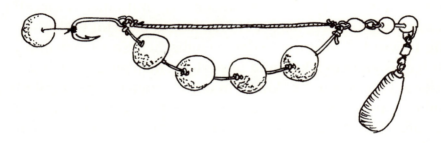

Wieder ein Rig von Rod Hutchinson, speziell zum Fischen auf große Entfernung. Besonders bei starkem Seitenwind kann das genaue Werfen von Futterboilies Schwierigkeiten machen. Sie werden dann über eine große Fläche verstreut ins Wasser fallen. Die Chance, daß der Karpfen schnell Ihr Boilie findet, wird dadurch viel kleiner. Wenn aber viel Futter zusammen liegt, steigen Ihre Chancen. Dank dieses Rigs kann ein solcher Futterplatz unmittelbar neben dem Köder angelegt werden. Auch im Winter, wenn sparsames aber zielbewußtes Füttern nötig ist, kann dieses Rig seinen Nutzen beweisen.
Sie montieren ein einfaches hair-rig, nehmen PVA-Schnur, die länger ist als ihr Vorfach und machen einen Knoten in die Schnur. Mit der Boilie-Nadel wird die erste Kugel auf die Schnur gefädelt und bis zum Knoten geschoben. Dann machen Sie einen weiteren Knoten und schieben das zweite Boilie dagegen. Auf diese Weise können Sie mehrere Boilies an der Schnur befestigen. Die Enden der Schnur knoten Sie zusammen und befestigen sie am Hakenöhr und am Wirbel.
Diese Montage hat den Nachteil, daß man mit ihr wegen des größeren Luftwiderstandes weniger weit werfen kann. Wir haben maximale Weiten von fünfzig bis sechzig Meter erreicht.

Das Füttern mit der PVA-Schnur ist auch in Kombination mit den Rig 1 bis 5 möglich. Ganz nach Belieben können Sie auch damit experimentieren. Bei den weiter beschriebenen Rigs ist die PVA-Schnur jedoch nicht zu empfehlen. Die aufgereihten Boilies würden die Effektivität dieser empfindlichen Systeme nur schwächen.

Rig 14: sliding hair-rig

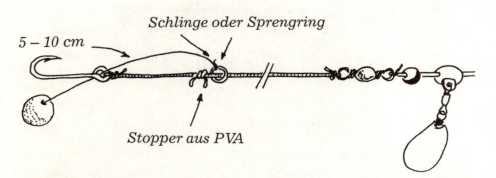

In England sind die Karpfengewässer stark befischt. Deswegen wurde von Rod Hutchinson Rig 14 entwickelt als Variante zu dem Haar für jene Gewässer, in denen die Karpfen schon alles erlebt haben. Jedem Karpfen, den Sie wieder frei lassen, geben Sie, ohne daß Sie sich dessen bewußt sind, folgenden Denkzettel mit: ‚Lieber Freund, an diesem raffinierten Vorfach saß am aufgesaugten Boilie ein messerscharfer Haken. Das solltest du künftug lieber lassen!' Karpfen lernen schnell. Deswegen sagten wir schon, Sie müssen ‚aufbauen'. Wenn Sie die oberste Sprosse der Leiter erreicht haben, müssen Sie einmal an Rig 14 denken.
Das Vorfach ist das gleiche wie beim normalen hair-rig. Das Boilie wird an einem Stückchen Schnur von 5 bis 10 cm Länge befestigt. Das Haar wird so durch das Hakenöhr gesteckt, daß es hinter dem Hakenschenkel liegt. (siehe Rig 5). Anschließend wird das Haar mit einer Schlinge oder mittels eines Sprengringes am Vorfach befestigt, so daß es frei über das Vorfach gleitet. Dann wird das Haar mit einem Stückchen PVA-Schnur am Vorfach festgemacht, und zwar so, daß das Boilie gerade unter dem Hakenbogen hängt. Nachdem sich das PVA aufgelöst hat, liegt der Köder, wie

„So lieber Freund, sei künftig vorsichtiger!"

bei den anderen Systemen, unmittelbar neben dem Haken. Wenn jetzt ein Karpfen, der schon einige Male mit dem Haar gefangen wurde, Ihren Köder sieht, wird er ihn zuerst eingehend inspizieren.

Weil sich das Haar einige Zentimeter frei über dem Vorfach bewegt, scheint es, als ob es ein freiliegendes Boilie wäre. Erst wenn der Karpfen den Köder tatsächlich aufnimmt und zu den Schlundzähnen saugt, folgt der Haken, und der Fisch ist doch der Dumme. Wie Rig 12 ist dieses System weniger für Gewässer mit vielen kleinen Karpfen geeignet.

In Gewässern mit viel Pflanzenwuchs oder schlammigem Boden funktioniert dieses Rig ebenfalls nicht, weil der Sprengring oder die Schlinge nicht frei über das Vorfach gleiten kann.

Rigs für Particles

Wenn mit Particles gefischt oder gefüttert wird, entsteht eine völlig andere Situation als bei der Verwendung von Boilies. Boilies können auf große Entfernung gefüttert werden und liegen zerstreut im Wasser. Wenn ein Karpfen ein Boilie nimmt, schwimmt er weiter auf der Suche nach einem weiteren Leckerbissen. Falls er den beköderten Haken im Maul hat, wird der Anbiß unverkennbar durchgegeben.

Particles werden in großen Mengen und normalerweise auf kürzere Entfernung gefüttert. Es entsteht eine Futterstelle mit vielen kleinen Köderteilchen, auf einer relativ kleinen Fläche.

Vor allem, wenn Particles während einer längeren Periode benutzt werden, wird der Karpfen sie als eine natürliche Ernährungsquelle betrachten. Weil viele Körnchen nebeneinander liegen, braucht der Fisch auf der Suche nach dem nächsten Korn nicht weit zu schwimmen. Er wird also auf der gleichen Stelle bleiben und den Köder sofort schlucken. Wenn sich zwischen den frei herumliegenden Particles Ihr Haken befindet, wird der Fisch meistens auch diesen arglos schlucken. So wie er die Particles zermalmt, wird er auch das Vorfach durchbeißen. Sie bekommen kein einziges Anbißindiz, aber wenn Sie den Köder wieder inspizieren, werden Sie zu Ihrem Erschrecken feststellen, daß Ihr Haken verschwunden ist! Damit dieses Problem behoben wird, müssen wir die üblichen Boilie-Systeme dem Fischen mit Particles anpassen.

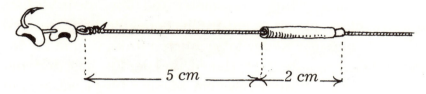

Bei den particle-rigs wird ein sogenannter ‚frightener' am Vorfach befestigt, auf gut Deutsch wohl auch Erschrecker genannt.
Wir nehmen wieder Rig 1. Jetzt befestigen wir aber ein Röhrchen von etwa 5 cm Länge am Vorfach. Dieses Röhrchen wird gleichfalls etwa 5 cm vom Haken mit einem Stückchen Holz festgemacht.
Während der Karpfen die Körner, darunter auch Ihren Köder, in großen Mengen aufsaugt, wird der frightener mitgezogen. Der Karpfen erschrickt und flieht, und die Folge ist, daß jetzt wohl ein Anbiß ‚gemeldet' wird.

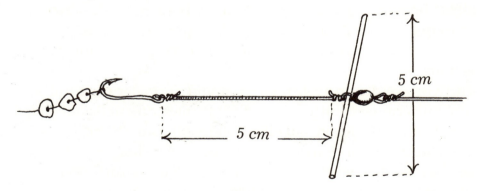

Es ist noch besser, den Erschrecker quer an der Schnur zu befestigen, damit der Haken überhaupt nicht die Schlundzähne erreicht. Dazu unterbrechen Sie 5 cm vor dem Haken das Vorfach mit einem Wirbel. In eines der Wirbelöhre kleben Sie dann ein Stöckchen; kein Streichholz, denn das treibt!
Die Particles können einfach auf den Haken gesteckt werden (Hakenspitze immer frei halten) oder sie werden am Haar ange-

boten. Wird der Köder aber an einem Haar angeboten, soll der frightener näher am Haken sitzen. Er kann auch weggelassen werden und stattdessen kann ein extrem großer Haken verwendet werden, der dann als frightener funktioniert.

Styropor

Das Fischen mit treibenden Ködersorten ist hier nahezu unbekannt. Die Brotrinde ist nach wie vor der Köder für den an der Oberfläche Nahrung aufnehmenden Fisch. Mit Recht übrigens, denn dieser Köder übt noch immer eine große Anziehungskraft auf die Karpfen aus. Trotzdem kann der Gebrauch kleinerer, treibender Köder zu besseren Fängen führen, vor allem in kleinen, abgeschlossenen Gewässern, wo der Karpfen früher vielfach mit Brotrinde bedrängt wurde. Besonders Sonnenblumenkerne sind wegen ihrer großen Schwimmfähigkeit hervorragend für diesen Zweck geeignet. Aber auch treibende Boilies kommen in Betracht. Besonders Brocken von Hunde- und Katzenfutter haben die angenehme Eigenschaft zu treiben und werden vom Karpfen oft gierig aufgesaugt.

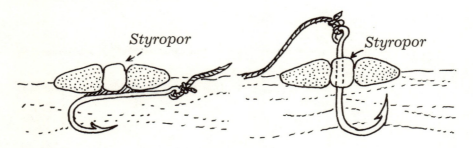
Styropor   *Styropor*

Weil diese Ködersorten leicht sind, bereitet das Anbieten einige Schwierigkeiten. Für größere Entfernungen ist die Wasserkugel eine Lösung. Das Wurfgewicht dieser Wasserkugel bestimmen Sie selber, indem Sie sie mehr oder weniger mit Wasser füllen. Vorsicht beim Wurf bitte, denn eine Wasserkugel macht viel Lärm bei der Landung.

Der Köder kann wieder unmittelbar am Haken oder mittels eines

Haars befestigt werden. Wenn Sie sich für das Haar entscheiden, sollten Sie darauf achten, daß auch der Haken schwimmt. Dies erreichen Sie indem Sie auf den Schenkel des Hakens ein Stückchen Korken oder Styropor kleben.

Auch wenn Sie den Köder am Haken anbieten, ist die Schwimmfähigkeit auf Wunsch vergrößerbar. Hunde- und Katzenfutterbrocken haben meistens ein Loch in der Mitte. In dieses Loch können Sie ein Stückchen Styropor drücken, was dem Köder nicht nur mehr Schwimmfähigkeit verleiht, sondern Sie können ihn auch besser am Haken befestigen, indem Sie den Haken durch das Styropor stecken. Für eine raffinierte Köderbefestigung können Sie das Styropor auch auf den Schenkel kleben!

Diese trocknen Brocken werden Wasser aufnehmen und, wenn auch in sehr geringem Maße, etwas anschwellen. Wenn dieser Vorgang im Fischmagen stattfindet, ist das eine üble Sache. Aus diesem Grund ist es angebracht die Brocken zu Hause in einem Eimer aufzuweichen.

Die Sonnenblumenkerne können ungekocht an den Haken gesteckt werden. Werden sie gekocht, verlieren sie ihre Schwimmfähigkeit. Ungekochte Sonnenblumenkerne sind für den Fisch auf jeden Fall ungefährlich.

„Vogelnest"-Rig

Auf die Gefahren mancher ungekochter Particles werden wir noch ausführlich zurückkommen. Sie können die Kerne einige Stunden im Wasser, dem ein Aroma zugefügt werden kann, aufweichen. Die Kerne werden etwas anschwellen und können dann besser an den Haken gesteckt werden. Gewöhnung ist die absolute Bedingung für Erfolg. In den meisten Gewässern wird diese

Ernährungsquelle nämlich völlig neu sein. Der Karpfen soll genügend Zeit bekommen zu entdecken, daß diese treibenden Particles auch lecker und außerdem sehr nahrhaft sind. Füttern mit treibendem Köder hat nur dann einen Sinn, wenn das Wetter längere Zeit schön war. Erst dann wird der Fisch an der Oberfläche Futter aufnehmen. Doch werden Sie zum richtigen Zeitpunkt und im richtigen Gewässer mit treibenden Particles Überraschungen erleben.

Dieser 24-Pfünder ist wahrscheinlich älter als André!

Moderne Ködersorten

Die junge Geschichte der modernen Karpfenfischerei ist eng mit der Entwicklung der Ködersorten verbunden. Als Jan de Winter 1969 das erste holländische Karpfenbuch verfaßte, war die Kartoffel „der" Köder.

In seinem fabelhaften Buch ‚Karpfen' (1977) erwähnt Rini Groothuis neben den konventionellen Ködern die Süßwassermuschel, Schnecken und einige Teigsorten als mögliche Alternativen.

In den nachfolgenden Jahren haben unsere Karpfenfischer unter dem Einfluß englischer Spezialisten eine komplette Reihe neuer Ködersorten auf unsere Karpfen losgelassen: Teig mit Trouviet, Hunde- und Katzenfutter, Schafenbix, Aufschnitt, Schweinemehl usw. Immer wieder wurden durch die Einführung eines neuen Köders gute Ergebnisse erzielt.

Heutzutage werden diese Köder so oft angewandt, daß auch hier schon wieder von ‚konventionellen' Ködern gesprochen werden kann. Damit meinen wir jedoch nicht, daß sie ‚ausrangiert' sind. Es gibt noch zahllose jungfräuliche Gewässer, in denen z. B. Trouviet noch unbekannt und wirksam ist. Denken Sie einmal an die vielen großen Teiche und Kanäle, wo von Gewöhnung noch nicht gesprochen werden kann. Sollten Sie in der Nähe eines solchen Gewässers wohnen, dürfen Sie die erwähnten Köder bestimmt nicht übergehen. Diese konventionellen Köder haben ihre Qualität desöfteren bewiesen. Wieviele Zwanzig-, Dreißig- und sogar Vierzigpfünder sind auf diese konventionellen Ködern nicht schon hereingefallen? Der berühmte Henny Mattemaker z. B. verwendete immer große Kartoffeln und er fing damit im Twentekanal manchen Dreißigpfünder. Aber auch Mattemaker geht mit der Zeit und ist momentan völlig auf der Boilie-Tour. Wir meinen also mit dem Begriff ‚konventionell', daß der Karpfen mit diesen Ködersorten vertraut ist. Inwiefern diese Köder für Sie noch interessant sind, wird durch die Verhältnisse in Ihrem Karpfengewässer bestimmt. Wenn kaum andere Karpfenfischer tätig sind, von Gewöhnungserscheinungen nicht die Rede ist und Sie außerdem keine Probleme, mit Brachsen und Weißfischen haben, dann können Sie aus diesen konventionellen Ködern noch immer Ihren Nutzen ziehen. Ansonsten müssen Sie modernere Köder wählen.

In diesem Buch wird nur über Boilies und Particles gesprochen. Auch die behandelten Fangtechniken sind untrennbar mit diesen Ködersorten verbunden, wobei der revolutionäre Einfall, die Hakenspitze frei zu halten, an erster Stelle steht.
Boilies und Particles also, weil die fabelhaften Resultate für sich sprechen.

Bei den Boilies kann der Eiweißgehalt des Köders bei Gewöhnung erhöht werden. Außerdem kann selektiv gefischt werden.
Wie bei der Aufbaumethodik der Fangtechniken, können Sie aber auch den Nährwert des Köders allmählich hochtreiben, wenn die Gewöhnung zunimmt. Auch in Gewässern, in denen keine Gewöhnungserscheinungen bemerkbar sind, ist der Proteingehalt der Boilies vom natürlichen Nahrungsangebot abhängig. In nahrungsarmen Gewässern können Sie Köder mit niedrigem Proteingehalt anbieten. Die Karpfen sind nicht verwöhnt und werden auch diese schwachproteinhaltigen Boilies als willkommene Nahrungsquelle annehmen. In nahrungsreichen Gewässern hingegen werden die Karpfen das natürliche Nahrungsangebot vor Ihrem Proteinköder mit geringer Konzentration vorziehen. Deswegen müssen Sie in nahrungsreichen Gewässern Boilies mit hohem Nährwert einführen, die dann sicher der vorhandenen natürlichen Nahrung vorgezogen werden.

Der Karpfen-König – über 30 Pfund!

Boilies

Mittlerweile wissen Sie zwar, wie man mit Boilies fischt, aber über den Köder selber haben wir noch herzlich wenig erzählt. Es ist also an der Zeit, dies zu tun.

Die Bezeichnung Boilie ist vom englischen Verb ‚to boil' hergeleitet und bedeutet kochen. Es betrifft hier also Teigkügelchen, die eine gewisse Härte bekommen, wenn sie in Wasser gekocht werden. Über die Zubereitungsweise und die verschiedenen Zutaten ist schon einiges veröffentlicht worden. Meist aber in englischer Sprache. Wir hätten es uns leicht machen können, wenn wir die einschlägigen Daten aus den englischen Veröffentlichungen ohne weiteres übernommen hätten. Wir haben das absichtlich nicht getan, weil sich alle diese Veröffentlichungen auf das Fischen auf englische Karpfen, in englischen Gewässern, unter typisch englischen Verhältnissen beziehen. Daß man mit Boilies Karpfen fängt steht außer Frage. Daß aber einiges dem Fischen auf dem Festland angepaßt werden muß, ist eine klare Sache. Denken Sie z. B. an die Moor- und Schlammböden. Als wir vor einigen Jahren mit Boilies zu fischen anfingen, bemerkten wir schon schnell, daß wir meistens größere Karpfen fingen als vorher.

Wie wir schon erwähnten, ist der Karpfen der einzige Fisch mit kräftigen Schlundzähnen, mit denen er die Boilies knacken kann. Andere Fischarten, aber auch kleinere Karpfen nehmen die Boilies zwar auch, spielen damit, lassen sie aber danach schnell fallen, weil sie die harten Kugeln doch nicht kaputt kriegen.

Als wir zum ersten Mal unsere Boilies in stark befischten Gewässern ausprobierten, fingen wir nicht nur mehr Karpfen als vorher, wir fingen vor allem größere Exemplare!

Einer der wichtigsten Vorteile von Boilies ist, daß sie im Wasser beträchtlich länger intakt bleiben als weiche Köder. Das bedeutet, daß der Karpfen mehr Chancen hat, den unversehrten Köder zu finden. Wenn mit weichem Köder gefischt wird, ist es durchaus möglich, daß der Köder schon zum größten Teil von Weißfischen verspeist worden ist, ehe der Karpfen ihn überhaupt entdecken konnte. Außerdem wird der Karpfen in stark befischten Gewässern, in der Regel den Köder genau inspizieren bevor er ihn akzeptiert. Es ist klar, daß ein Boilie unter diesen Umständen Vor-

Wir fingen nicht nur mehr Karpfen als vorher ...

Noch einer, der dem herrlichen Boilie nicht widerstehen konnte.

teile bietet. Vom weichen Köder kann der Karpfen kosten, indem er kleine Stückchen abbeißt. Bei einem Boilie gelingt ihm das nicht. Wenn er wissen möchte, wie ein Boilie schmeckt, wird er es ganz verschlucken müssen.

Ein gutes Boilie ist hart und zäh, bleibt im Wasser länger ganz, riecht und schmeckt gut und hat einen hohen Nährwert.

Es gibt zahllose Zutaten, wie verschiedene Haustier- und Viehfutter, die gut riechen und einen hohen Nährwert besitzen. Brauchbar sind auch viele tierische und pflanzliche Produkte, die stark riechen. In der folgenden Liste erwähnen wir einige Zutaten, die als Basis für eine Boiliemischung in Betracht kommen.

Haustier-Viehfutter	**Verschiedene**
Hundefutterbrocken (trocken)	Erdnußmehl
Katzenfutterbrocken (trocken)	Hanfmehl
Trouviet	Maismehl
Schafenbix	Melassemehl
Schweinefutter	Blutmehl
Pferdefutterbrocken	Leberpulver
Vogelkraftfutter	

Es ist unmöglich, ein gutes Boilie nur mit einer Zutat zuzubereiten. Das Boilie wird dann nicht hart genug, fällt während des Kochens auseinander, ist zu schwer oder wird treiben, wo Sie ein sinkendes Boilie erwarten. Sie müssen also, je nach dem gewünschten Resultat, die Eigenschaften der einzelnen Zutaten berücksichtigen.

Brauchbare Produkte sind unter anderem

Mehl	**Verschienene**
Weizenmehl	Weizengluten
Weizengrießmehl	Weizenkeime
Buchweizenmehl	Milchpulver
Roggenmehl	
Leinsamenmehl	
Paniermehl Reismehl	
Sojamehl Maismehl	

Sie können die erwähnten Basiszutaten und Beigaben endlos kombinieren. Damit Sie aus dem Ganzen ein wenig schlau werden, folgen hier zwei einfache, aber gute Rezepte.

1) 400 Gramm Trouviet — guter Geruch und Geschmack
   — guter Nährwert
   100 Gramm Weizengluten — gutes Bindemittel

2) 300 Gramm gemahlene Katzenfutterbrocken — guter Geruch und Geschmack
   — guter Nährwert
   1000 Gramm Weizengrießmehl — gutes Bindemittel
   1000 Gramm Weizengluten — gutes Bindemittel

HNV-HP Boilies

Am Ende der sechziger Jahre wurde die Welt der Karpfenangler in England schockiert durch Veröffentlichungen des Engländers Fred Wilton. Fred hatte nach einem jahrelangen Studium der Ernährungslehre einen Köder mit Milcheiweißen als Basis zusammengestellt. Er entschloß sich, es in der Zeitschrift der Britisch Carp Study Group ‚The Carp' zu publizieren. Diese Veröffentlichungen sind jetzt unter dem Namen ‚Fred Wilton-Theorie' bekannt. Viele bekannte Karpfenfischer waren nicht mit Wilton einverstanden und verkündeten, seine Theorie sei nur Unsinn. Ob diese Theorie tatsächlich auf Wahrheit beruht, kann keiner beweisen. Aber wir können ohne weiteres sagen, daß Boilies, nach seiner Theorie zusammengestellt, sich des öfteren bewähren.
Bevor wir näher auf seine Theorie eingehen, werden wir zuerst die Bezeichnungen HNV und HP erläutern. HNV ist die Abkürzung von High Nutritive Value. Wörtlich heißt das Hoher Nährwert. HP bedeutet High Protein, Köder mit hohem Eiweißgehalt also.

Die Fred Wilton Theorie

Fred war der Meinung, daß Tiere, also auch die Karpfen, fähig sind, den Nährwert der Nahrung zu erkennen, nachdem sie verdaut ist. Dies im Gegensatz zum Menschen, der nicht über diese Anlage zu verfügen scheint. Er gründete diese Theorie auf den Umstand, daß jedes Lebewesen eine ausgewogene Nahrung braucht, damit es gesund bleibt und wachsen kann.

Ausgewogen heißt, eine Nahrung mit einem richtigen Verhältnis zwischen Proteinen, Kohlehydraten, Fetten, Vitaminen und Mineralien. Mit diesem Wissen kam Fred auf den Gedanken, daß ein Karpfen ein nach diesem Grundsatz zusammengestelltes Boilie nehmen würde. Außerdem meinte er, daß ein solches Boilie auch der im Wasser vorhandenen natürlichen Nahrung vorgezogen werden müßte. Schließlich spart der Fisch eine beträchtliche Menge Energie, wenn er seinen Nahrungsbedarf mit einem Biß zu sich nehmen kann, während er sonst ein großes Gebiet durchstreifen und verschiedene Sorten Nahrung aufnehmen muß, um seinen Bedarf zu decken. Ein gutes Beispiel eines ausgewogenen Köders sind die Trouvietkörner. Diese Körner sind völlig auf den Nahrungsbedarf von Forellen abgestimmt. Wenn mehrere Male pro Tag diese Körner gefüttert werden, können mit viel Erfolg gut wachsende und gesunde Forellen gezüchtet werden. Es ist also nicht verwunderlich, daß Trouviet auch für Karpfen sehr geeignet ist.

Beim Zusammenstellen eines guten HNV-Boilies müssen Sie also berücksichtigen, daß alle Stoffe, die der Fisch braucht, im Boilie enthalten sind. Wichtig ist aber zu wissen, welche Stoffe in welcher Zusammensetzung der Fisch benötigt. Wir werden also kurz die Funktionen dieser Stoffe besprechen.

Proteine

Proteine sind wichtig für das Wachsen des Fisches und den Aufbau des Gewebes. Weiter sind sie für die Regeneration von beschädigtem Körpergewebe wichtig. Besonders nach der Laichzeit, wenn die Fische sich viele Verletzungen zugezogen haben, ist das sehr wichtig. Außerdem werden Proteine teilweise in Energie umgewandelt.

Kohlehydrate

Genau wie beim Menschen sind sie die wichtigsten Grundstoffe für die Energieerzeugung.

Fette

Auch sie sind für die Energieerzeugung von Bedeutung. Außerdem leisten die Fette einen Beitrag zur Verdauung.

Vitamine und Mineralien

Diese sind von wesentlicher Bedeutung für das richtige Funktionieren des Körpers und der einzelnen Organe. Weiter sind Vitamine und Mineralien von Bedeutung für die Widerstandsfähigkeit gegen Krankheiten und Infektionen. Manche Mineralien erzeugen Energie.

Wichtig ist, daß der Prozentsatz an Fetten im Köder 15% nicht überschreiten darf. Wird diese Grenze überschritten, ist eine Leberkrankheit, die für den Fisch tödlich enden kann, nicht auszuschließen.

Ein HNV- und HP Köder ist zu einem erheblichen Teil aus Proteinen und Eiweißen aufgebaut. Dies können sowohl Milcheiweiße als auch pflanzliche oder tierische Eiweiße sein. Alle drei Sorten sind für Boilies mit einem hohen Nährwert hervorragend geeignet. Nachfolgend nennen wir die geeignetsten Eiweiße. Ist uns der Eiweißprozentsatz bekannt, ist er hinter dem Produkt erwähnt. Bei Produkten, deren Prozentsatz je nach Qualität unterschiedlich sein kann, haben wir keine Zahlen eingetragen.

tierische Eiweiße

Fleischmehl	50%
Fleischknochenmehl	55%
weißes Fischmehl	65%
Sardinenmehl	60%
Heringmehl	50%
Garnelenmehl	50%
Ei-Albumin	80%
Trouvietkörner	35%
Idem fein	50%

pflanzliche Eiweiße
Sojaisolat   85%
ojamehl   50%
eizengluten   80%
Weizenkleie   30%

Milcheiweiße
Kasein   95%
Sodium(Natrium)Kaseinat   90%
Kalziumkaseinat   95%
Laktalbumin   85%

Milcheiweiß

Kasein ist ein hochwertiges Eiweiß und bildet oft die Basis eines guten HNV- oder HP Boilies. Während der Erhitzung härtet es stark und löst sich nicht im Wasser auf. Kasein ist außerdem ein Stoff, der das Aroma der Flavours im Boilies länger festhält. Es ist ziemlich schwer, so daß Sie am besten nicht zuviel davon Ihrer Mischung zufügen, wenn Sie auf einem weichen Schlammboden fischen. Die Maximaldosis ist etwa 50%.

Natriumkaseinat ist eine wasserlösliche Form von Kasein, auf englisch Sodiumkaseinat. Auch das ist ein hochwertiges Produkt. Es ist einfach mit Kasein in einem Boilie zu verarbeiten. Es härtet nicht im Wasser, wie z. B. Kasein, sondern hat eine stark bindende Wirkung. Natriumkaseinat ist ziemlich leicht, was es zu einer gut brauchbaren Zutat für Boilies, mit denen man auf Schlammboden fischen will, macht. Mehr als 50% dürfen nicht verwendet werden, weil die Boilies sonst treiben würden.

Kalziumkaseinat ist ein Produkt, das Natriumkaseinat sehr ähnelt. Es ist eine wasserlösliche Form von Kasein und ist sehr leicht. Aus diesem Grund sollte man bei der Zusammenstellung der Mischung sehr vorsichtig vorgehen. Wird zuviel verwendet, so werden auch hier die Boilies treiben. Maximale 40% dürfen der Mischung zugefügt werden, aber in den meisten Fällen wird das schon zuviel sein. Sie haben schon lesen können, daß es in manchen Fällen günstig ist, mit einem treibenden Boilie über dem

Grund zu fischen. Kalziumkaseinat ist für diesen Zweck äußerst geeignet.

Laktalbumin ist ein hochwertiges Eiweiß, das aus Milchresten hergestellt wird, nachdem das Kasein entfernt worden ist. In Kombination mit Kasein erhöht es den Nährwert der Boiliemischung. Auch dieses Produkt ist ziemlich leicht, so daß Sie nicht zu große Mengen davon verwenden dürfen. Es gibt auch Lactalalbumin mit einem niedrigerem Eiweißgehalt im Handel. Dieses ist für unsere Zwecke weniger geeignet.

Pflanzliche Eiweiße

Sojaisolat ist das Produkt mit dem höchsten Eiweißprozentsatz, das aus Sojabohnen gewonnen wird. Es ist wie Lactalalbumin in verschiedenen Prozentsätzen käuflich. Der höchste beträgt etwa 90% und ist zu bevorzugen. Wie anderes pflanzliches Eiweiß läßt es sich leicht mit Milcheiweiß verarbeiten. Weil es so leicht ist, dürfen nur 20–30% verwendet werden.

Sojamehl wird aus Sojabohnen gewonnen. Der Eiweißgehalt beträgt etwa 50%, was etwas niedriger ist als bei den meisten Eiweißprodukten. Werden also zu große Mengen davon verwendet, so sinkt der Eiweißprozentsatz des Köders. Fettes Sojamehl hat einen angenehmen Geruch und Geschmack. Entfettetes Sojamehl besitzt diese Eigenschaften nicht und ist deswegen weniger geeignet.

Weizengluten wird aus Weizen gewonnen. Der Karpfen verdaut dieses Produkt nur schwer, so daß nur sparsam damit umgegangen werden soll. Wenn Sie weniger als 25% verwenden, gehen Sie auf Nummer sicher. Weizengluten ist ein hervorragendes Bindemittel. Mit diesem Produkt, kann man aus den lockersten und krümeligsten Zutaten einen festen Teig machen. Schließlich gibt es noch **Weizenkleie,** ein Restprodukt aus gemahlenem Weizenmehl. Es ist eine billige Zutat, die sowohl Eiweiße als auch Kohlehydrate und Vitamine enthält. Besonders Vitamin B ist reichlich vorhanden. Weizenkleie bindet schlecht, so daß Sie nicht zuviel davon verwenden dürfen. Boilies, in denen Weizenkleie verarbeitet worden ist, haben eine gröbere Struktur. Auch haben sie einen typischen Geruch, den die Karpfen trotz des hinzugefügten Flavours erkennen. Verwenden Sie aber nicht mehr als 20–30% in Ihrer Teigzusammenstellung. So bleiben Sie innerhalb sicherer Grenzen.

Tierische Eiweiße

Fleischmehl wird aus zuerst getrocknetem und dann gemahlenem Fleisch hergestellt. Der Proteingehalt beträgt etwa 50%.
Fleischknochenmehl hingegen ist eine Kombination aus getrockneten, gemahlenen Knochen, Fleisch und Blut. Der Eiweißprozentsatz ist etwas höher als beim Fleischmehl, nämlich 55%. Weil es sowohl aus Knochen als auch Fleisch und Blut zusammengestellt ist, ist es ausgewogener und es sind mehr Mineralien und Vitamine enthalten, die für den Karpfen wichtig sind. Fleischknochenmehl eignet sich deswegen besser für die Bereitung von Boilies mit einem höheren Nährwert.
Weißes Fischmehl ist Mehl aus völlig getrockneten Fischen. Es hat einen Eiweißprozentsatz von etwa 65% und einen hohen Nährwert. Deswegen ist es für die Herstellung eines HNV-Boilie auf der Basis tierischer Eiweiße sehr geeignet. Mit anderen Sorten Fischmehl ist es sehr gut anzuwenden.
Sardinenmehl wird aus getrockneten, ganzen Sardinen gemahlen und hat einen äußerst penetranten Geruch. Der Eiweißprozentsatz liegt bei etwa 60%. Genau wie weißes Fischmehl ist auch Sardinenmehl mit anderen Fischmehlsorten ausgezeichnet zu verwenden. Nur der Raum, in dem die Boilies gekocht werden, sollte gut gelüftet werden.
Heringsmehl hat außer einem hohen Eiweißgehalt (50%) auch einen hohen Fettgehalt, so daß Sie behutsam damit umgehen sollten. Der Teig ist schwer zu verarbeiten und die Boilies fallen auseinander. Mehr als 20% Heringsmehl erbringt schlechte Resultate.
Garnelenmehl (50%) hat wie Heringmehl seine Beschränkungen. Es hat nämlich eine grobe Struktur und ist sehr leicht, so daß Sie die Menge auf 30% beschränken sollten. Wird sie überschritten, so wird die Struktur der Boilies lockerer und sie werden leicht treiben.

Ei-Albumin ist ein Produkt, das aus dem Weißen eines Eies hergestellt wird (ist nicht das gleiche wie Eiweiß!). Es ist ziemlich leicht und mehr als 20% sollte man nicht verwenden, weil es bestimmte Mineralien, die in anderen Zutaten vorkommen und für den Karpfen wichtig sind, abbaut. Ein Vorteil von Ei-Albumin ist, daß Ihre Boilies stark härten.

Trouviet ist ein Fertigfutter für Forellen, das nicht nur für Verarbeitung in Boilies geeignet ist. Mit ihm wurde früher (und auch heute noch) in der Form weicher Köder erfolgreich gefischt. Es ist leicht zu erhalten, denn jedes gute Angelsportgeschäft führt es. Die bekannteste Form sind die Körner, in verschiedenen Größen. Es gibt jedoch auch eine feine Trouvietsorte. Deren Körner sind so winzig, daß sie wie gemahlene Trouvietkörner aussehen. Dieses Trouviet ist nicht nur einfacher zu verarbeiten (es braucht nämlich nicht mehr gemahlen oder aufgeweicht zu werden), sondern hat überdies einen stärkeren Geruch und einen höheren Eiweißgehalt von etwa 50%. Es wird speziell zum Füttern junger Forellen, die die großen Körner noch nicht fressen können, produziert.

Es gibt freilich mehrere Produkte, die mit Erfolg in einem HNV- oder HP Boilie verarbeitet werden können. Es ist aber unmöglich jedes Produkt einzeln zu besprechen. Mehrere Produkte sind unter dem Handelsnamen (HN) von irgendeinem, meistens englischen, Köderlieferanten, bekannt. Die Information über diese Produkte ist also ziemlich einseitig und die genaue Zusammenstellung schwer festzustellen. Andere Produkte sind erst kürzlich auf dem Markt erschienen und unsere Erfahrungen reichen noch nicht aus, Ihnen jetzt schon ein klares Bild dieser Produkte zu vermitteln. Trotzdem wollen wir Ihnen diese neuesten Zutaten nicht vorenthalten. Wir beschränken uns auf eine einfache Auflistung.

Milcheiweiße
Lactopro (HN)	mehrere Milchpulver
Nukamel (HN)	Nahrung für Bodybuilder
Vitamealo (HN) 30%	
Babymilch	

Tierische Eiweiße		Pflanzliche Eiweiße	
Makrelenmehl	70%	Erdnußkonzentrat	55%
Capelin (HN)	70%	Erdnußgluten	60%
Federnmehl	85%	Protex (HN)	
Sandspierlingmehl	70%	TVP (HN)	
Rinderhautmehl	80%	Sojakonzentrat	90%

Bakterielle Eiweiße	
Protein (HN)	73%

Im Handel sind Vitamine- und Mineralienersatzstoffe erhältlich, die eigens auf den Bedarf des Karpfens abgestimmt sind. Wenn Sie einem Pfund trockener Mischung die auf der Packung angegebene Menge dieses Stoffes hinzufügen, können Sie sicher sein, daß alle für den Karpfen wichtige Mineralien und Vitamine in Ihrem Köder sind.

Diese Ersatzstoffe sind unter verschiedenen Marken enthalten. Gute Erfahrungen haben wir z. B. mit Geoff Kemp, Bait Supplies, Catchum Products und Fred Buzzerd gemacht. Die gleichen Fabrikanten führen auch die meisten Milch- und pflanzlichen Eiweiße, die speziell für die Karpfenfischerei ausgewählt worden sind. Sie können Ihrem Köder auch mittels pflanzlicher Öle noch Fette zufügen. 10–20 Milliliter auf ein Pfund Mischung reicht meistens aus. Wenn Sie aber Zutaten verwenden, in denen schon genügend Fette oder Öle vorhanden sind, ist eine weitere Anreicherung überflüssig. Möchten Sie Öle verarbeiten, verwenden Sie sogenannte kaltgepreßte Öle, die Sie der Eimasse zufügen (die Bereitungsweise von Boilies ist weiter hinten im Buch beschrieben). Das Öl soll gut durch die Masse geschlagen werden und nicht als eine dünne Schicht oben treiben.

Aromen

Wir fallen sofort mit der Tür ins Haus: Alle Gerüche wirken. Vielleicht staunen Sie hier ein wenig, aber es ist die Wahrheit. Je nach der chemischen Zusammensetzung des Wassers werden manche

Geruchstoffe mehr Erfolg haben als andere, aber mit jedem Aroma können Sie Karpfen verführen.

Unsere Versuche haben gezeigt, daß süße Gerüche und Obstgerüche in den meisten Gewässern besonders wirken. Wir meinen damit, daß Sie keine ausführliche Futterkampagne zu führen brauchen, um den Fisch an den Köder zu gewöhnen, sondern daß Sie sofort mit diesen Boilies fischen können. Auch die Qualität des Köders oder dessen Nährwert ist dann nicht wesentlich von Bedeutung. Ist die Qualität des Köders aber schlecht, nimmt die Fangkraft schnell ab. In Gewässern mit einer Überpopulation wird sich das bedeutend langsamer manifestieren. Die Nahrungskonkurrenz ist dann so hoch, daß der Karpfen jeden Köder nimmt, ungeachtet des Nährwertes. In einem solchen Gewässer ist es auch egal, mit welchem Duftstoff gefischt wird. In Gewässern mit einem ausgewogenen Fischbestand, wo der Karpfen ein ausreichendes Angebot natürlicher Nahrung vorfindet, kann der Fisch das natürliche Angebot Ihren Boilies vorziehen. In solchen nahrungsreichen Gewässern müssen Sie also mit der natürlichen Nahrung konkurrieren und die Boilies mit einem höheren Nährwert versehen.

Konzentrierte Duftstoffe sind verschieden zu definieren: So gibt es *rein chemische* Aromen, deren Geschmack und Geruch durch Mischung mehrerer körperfremder Chemikalien entstanden ist. Diese Stoffe können für den Organismus des Fisches nachteilig sein, so daß Sie sie lieber nicht anwenden.

Weiter gibt es Geruchstoffe, die *naturidentisch* sind. Das heißt nicht, daß es natürliche Aromen sind. Ein naturidentisches Erdbeeraroma wird also nicht hergestellt, indem man Erdbeersaft sammelt und dann stark konzentriert. Durch Vermischung verschiedener Stoffe entsteht eine Mischung mit den gleichen Eigenschaften wie konzentrierter natürlicher Erdbeergeschmack. Eine richtige Dosierung vorausgesetzt, sind diese Stoffe für den Fisch nicht schädlich.

Pure natürliche Aromen sind unerschwinglich und Sie werden sie normalerweise in keinem Angelsportgeschäft finden. Bei der Zubereitung von Boilies sollten Sie auf die maximale Dosierung achten, die meistens auf der Flasche angegeben ist. Fast alle Aro-

So etwas geschieht natürlich nicht jeden Tag. Neunundvierzig Pfund Fisch in einer Stunde!

men sind in flüssigerForm erhältlich und haben eine Konzentration von 1:1000. Auf ein Pfund trockner Mischung reichen 5 ml dieses Duftstoffes reichlich aus. Es gibt auch Duftstoffe mit einer Konzentration von 1:500, von denen Sie dann maximal 10 ml hinzufügen können.

Eine Injektionsspritze ist ideal zum Dosieren von Aromen und Süßstoffen. Diese Spritzen sind für ein paar Pfennige in Ihrer Apotheke erhältlich. Nehmen Sie drei Größen, z. B. 2, 5, und 10 ml. Die gefährliche Nadel werfen Sie am besten sofort in den Mülleimer. Mit der Spritze saugen Sie die Flüssigkeit aus der Flasche bis zur erwünschten Maßeinteilung, und dann spritzen Sie das Ganze in die Eimasse.

Während der Köderzubereitung atmen Sie den penetranten Geruch des Duftstoffes fortwährend ein. Nach einiger Zeit, werden Sie sich daran gewöhnen und es kommt Ihnen vor, als ob der Köder nicht stark genug rieche. Machen Sie dann nicht den Fehler, weiteren Duftstoff hinzuzufügen. Eine Überdosierung macht den Reiz des Köders zunichte und kann dem Fisch außerdem schaden.

Rod Hutchinson erwähnte in seinem Buch ‚The Carper Strikes Back', daß die übliche Dosierung von 5 ml pro Pfund Mischung schon sieben mal die für den menschlichen Konsum erträgliche Menge sei. Nicht, daß durch diese Überdosierung die Gesundheit gefährdet wäre. Es ist nur ein Hinweis, wie hoch diese Dosierung ist. Das Hinzufügen weniger Duftstoffe als angegeben, schadet nichts. Manchmal stellt sich heraus, daß ein bestimmter Geruch genauso gut wirkt, wenn weniger davon im Köder verarbeitet wird, und in manchen Fällen ist dies sogar besser.

Es gibt mehrere Marken auf dem Markt. Wir haben gute Ergebnisse erzielt mit Catchum Products, Fred Buzzerd, Geoff Kemp und Richworth. Die Auswahl scheint unbegrenzt zu sein. Wir erwähnen nur die wichtigsten.

Maple-Creme	Scopex	Bun-Spice
Butter	Topical-Fruit	Butterscotch
Kiwi	Mango	Seafood
Mandel	Cream	Maple
Himbeere	Karamel	Milch
Anis	Vanille	Aprikose
Sweetcorn	Passionsfrucht	Kokos
Kirsche	Peach	Banane
Erdbeere	Hanf	

Süßstoffe
(sweetener)

Falls Sie es wünschen, ist es möglich neben einem Geruchstoff auch einen ‚sweetener' zu verwenden. Dies nur in Kombination mit Süß- und Obstgerüchen. Bei stinkenden Aromen, wie Seafood, oder auch bei bitteren wie Mandel, hat das Zufügen eines Süßstoffes meistens keinen Sinn.

Es gibt zwei Sorten Süßstoff. Die erste ist eine viskose, braune Flüssigkeit mit großen Molekülen. Bei dieser Sorte wird sich der Süßstoff nicht zu schnell aus dem Boilie auslösen. Deswegen ist der dunkelfarbige Süßstoff besonderes zum Fischen im Sommer geeignet. Im Winter aber würde bei den niedrigeren Temperaturen ein solcher Süßstoff gar nicht, oder auf jeden Fall zu wenig von ihm frei werden. Speziell für die Winterfischerei gibt es auch einen hellen Süßstoff mit kleineren Molekülen. Von uns mit Erfolg gebrauchte Süßstoffe sind von Richsworth und Fred Buzzerd. Der Universalsüßstoff von Catchum ist prima für die Sommer-, aber auch für die Winterfischerei geeignet.

Geschmackverstärker
(flavour-enhancers)

Der Nutzen dieser Köderzusätze ist fragwürdig. Die Wirkung ist nie zu kontrollieren. Es gibt mehrere ‚flavour-enhancers' im Handel. Manche sind nach Angabe des Fabrikanten speziell zur Akzentuierung süßer Gerüche. Andere hingegen speziell für bittere- oder Fischgerüche. Wenn Sie meinen, daß es Ihrem Köder zugute kommt, brauchen Sie es unseretwegen nicht zu lassen. Geschmackverstärker gibt es von verschiedenen Herstellern. Weil wir den Nutzen dieser Produdkte bezweifeln, haben wir keine Erfahrung damit machen können und können keine Empfehlung geben.

Farbstoffe

Ein Karpfen ist nicht modebewußt und zieht keine bestimmte Farbe vor. Durch die Farbe aber wird ein Boilie besser vom Boden abstechen, der Fisch wird den Köder eher entdecken. Selbstverständlich fällt dieses Argument weg, wenn Sie nur nachts auf Karpfen fischen.
Ein Farbstoff in einer Ködermischung dunkler Farbe ist Unsinn. Gelb, rot, und orange sind gängige Boiliefarben. Besonders gelb wird für dunkle Böden oft angewandt. Fischen Sie aber in großen Tiefen, und das wird besonders im Winter der Fall sein, so ist blau die erkennbarste Farbe (wissenschaftlich erwiesen). In seichten, klaren Gewässern ist es wegen der Wasservögel besser, keine auffallende Farbe zu verwenden. Wenn diese die Boilies sehen, wer-

André fing diesen wunderbaren Spiegelkarpfen mit einem HP-Boile...

...aber auch GT-Boilies sind eine Garantie für Erfolg!

den sie danach tauchen. In einem solchen Fall ist es angebracht, sich für eine Tarnfarbe zu entscheiden.

Der Farbstoff ist meistens in Pulverform erhältlich. Ein halber Teelöffel pro Pfund Mischung ist ausreichend, obgleich es nicht schadet, wenn Sie etwas mehr nehmen. Wir gehen aber davon aus, daß Sie ungefährliche Farbstoffe verwenden, die auch für den menschlichen Gebrauch geeignet sind. Schummeln Sie bitte nicht mit Farbstoffen, die dem Fisch schaden. Vom Wohlergehen des Karpfens abgesehen, werden Tierschutzvereine den geringsten Skandal ausnutzen, den ‚grausamen' Anglern auf die Finger zu schlagen.

Particles

In den meisten Veröffentlichungen über das Karpfenfischen ist bis jetzt kaum etwas über das Fischen mit Particles geschrieben worden. Mais ist die einzige Ausnahme. Unter Particles verstehen wir Köder aus einzelnen, kleinen Teilchen. In der Praxis sind das verschiedene Sorten Samen, Getreide und Bohnen. Weil wenig darüber geschrieben worden ist, und viele Karpfenfischer nicht mit den Möglichkeiten vertraut sind, wurde bis jetzt noch wenig mit diesem Köder gefischt. Dies im Gegensatz zu England, wo in hohem Maße mit Particles auf schwierig zu fangende Karpfen gefischt wird. Auch in den neueren englischen Veröffentlichungen wird diesem Köder die notwendige Aufmerksamkeit gewidmet. Nicht umsonst natürlich. In manchen Fällen können Particles in stark befischten Gewässern Rettung bringen, wenn die Wirkung anderer Ködersorten nachgelassen hat. In jedem Gewässer kann mit Particles gefischt werden. Doch wird dieser alternative Köder besonders dort effektiv sein, wo sich eine große Menge kleiner, natürlicher Nahrung befindet, wie Wasserflöhe oder andere winzige Wassertierchen. In solchen Gewässern braucht der Karpfen nur das Maul zu öffnen und seine Nahrung schwimmt hinein. Fischen Sie in einem solchen Gewässer mit größeren, zerstreuten, Ködern, so ist es fraglich, ob die Fische Ihren Köder nehmen. Sie würden ja von Köderkugel zu Köderkugel schwimmen müssen, während sie ohne Anstrengung ausreichend vorhandene Nahrung fressen können. Bieten Sie aber Particles an, dann kommen Sie damit der natürlichen Nahrung sehr nahe. Sie bieten ja auf einer kleinen Fläche eine große Menge Nahrungsteilchen an.

Ein beredtes Beispiel eines solchen schwierigen Gewässers ist der weit und breit bekannte ‚Redmire Pool' in England. Der genauso berühmte Rod Hutchinson war der erste, der das Problem der großen natürlichen Nahrungsmenge in diesem Wasser erkannte und in der Form massenhaft angebotener Miniköder eine Lösung fand. Rod ging davon aus, daß er lange Zeit füttern müsse, damit die Karpfen diesen Köder dem natürlichen Nahrungsangebot gleichsetzen. Schon schnell erzielte er Erfolge die nicht unbemerkt blieben. In den folgenden Jahren wurden auf diese Weise viel mehr Karpfen gefangen als das in den Jahren vorher der Fall gewesen war. Bevor Sie mit Particles fischen, ist es also ratsam, zuerst zu füttern. Es brauchen nicht immer ausführliche Futterkampagnen zu sein, denn Karpfen fressen viele Particles fast sofort. Meistens reichen einige Tage aus. Karpfen können Particles in riesigen Mengen verkonsumieren. Ist der Karpfenbestand nicht groß, so kann vieles Füttern auch eine fatale Wirkung haben: Es ist dann denkbar, daß sich die Fische schon sattgefressen haben, bevor Sie fischen.

Etwas anderes ist die Zeit, in der sich die Karpfen normalerweise fressen. Frißt der Fisch nachts, so füttern Sie am besten abends und fischen nachts. Füttern Sie in einem solchen Fall weiche Particles tagsüber, so ist nicht auszuschließen, daß Weißfische schon alle aufgefressen haben, bevor der Karpfen auf Futtersuche geht. Wenn Sie das Gewässer vorher einige Male besuchen und beobachten, ist Ihnen schon auf die Sprünge geholfen. Natürlich werden Ihre eigenen Kenntnisse des Gewässers eine wichtige Rolle spielen. Ein Karpfen ist schwer von seinen Freßgewohnheiten abzubringen. Wenn Sie nicht selber bestimmen können, wann Sie fischen und diese Zeit nicht mit der Freßzeit des Fisches zusammenfällt, lohnt sich diese Mühe. Zu den Zeiten, in denen Sie normalerweise fischen, gehen Sie regelmäßig ans Wasser um zu füttern. Hoffentlich läßt der Karpfen sich dazu verführen, seine Freßgewohnheiten anzupassen.

Schließlich soll bemerkt werden, daß die einzelnen Getreidesorten, Samen und Bohnen in ihrer Wirkung sehr unterschiedlich sind. Manche wirken fast überall, andere in einem Gewässer gut und aus unerklärlichen Gründen in dem anderen nicht. Genaue Richtlinien gibt es nicht, und es bleibt eine Sache des Ausprobierens. Sie sollten aber nicht vergessen, daß weiche Particles auch von Weißfischen gefressen werden.

Mais

Mais ist ein renommierter Karpfenköder, der so überreichlich gebraucht wird, daß manche Karpfen fliehen, wenn jemand Mais ins Wasser wirft. Es ist klar, daß es in solchen Fällen keinen Sinn hat, diesen Köder einzusetzen.
Sogar die ausführlichste Futterkampagne wird dann nichts mehr nützen. In Gewässern in denen noch fast nicht mit Mais gefischt wurde, ist er nach wie vor ein prima Köder, der ständig wirkt.
Der gesüßte Dosenmais ist nicht nur für den Karpfen ein Leckerbissen, sondern leider auch für den Brachsen. Es ist aber angebracht, eine Dose Vorrat zu haben, wenn Sie zwischendurch eine Angel auslegen möchten.
Die harten, trocknen Maissorten sind billiger und außerdem können Sie die Härte beim Kochen selber bestimmen. Der trockene Mais muß zwölf bis vierundzwanzig Stunden aufweichen, wobei die Körner Wasser aufnehmen. Erst nachher ist er zu kochen. Bei einer Kochzeit von zehn bis fünfzehn Minuten ist der Mais noch so hart, daß der Weißfisch wenig damit anfangen kann.
Sollten Sie nach einiger Zeit bemerken, daß infolge Gewöhnungserscheinungen der Erfolg ausbleibt, können Sie dem Mais eine andere Farbe und einen anderen Geruch geben! Sie fügen dann während des Kochens dem Wasser einige Mililiter Aroma und ein wenig Farbstoff zu. Sehr wirksam ist Erdbeer-Aroma.

‚black-eyed beans'

Auch das ist ein Köder, der in den meisten Gewässern beständig fängt. Besonders da, wo viel mit Mais gefischt wurde. Die Bohne sieht, was die Form und die Farbe betrifft, einer weißen Bohne sehr ähnlich, hat aber einen großen schwarzen Fleck. Die ‚black

Das Ergebnis einer Futterkampagne mit Particles

eyed beans' haben wenig Geschmack. Deswegen sollten Sie ihnen irgendeinen Geschmack zufügen. Einige gute Aromen sind Vanille und Butterscotch. Sie können die Bohnen aber auch auf eine andere Weise abschmecken. Gute Ergebnisse sind erzielt worden mit Bohnen, die in Tomaten- oder Currysuppe gekocht wurden. Dadurch werden sie rot bzw. gelb gefärbt.

Weil die Bohne meistens sofort wirkt, ist vorheriges Füttern überflüssig. Manchmal kann sich eine Futterkampagne falsch auswirken, weil dadurch keine Karpfen, sondern Weißfische angelockt werden. Der Brachsen ist versessen auf diese Bohnen. Plötzen werden Sie weniger belästigen, weil die Bohne für deren Maul etwas zu groß ist. Bevor Sie die Bohnen kochen, müssen Sie sie mindestens zwölf Stunden aufweichen. Legen Sie die Bohnen in eine große Menge Wasser. Sie werden viel Wasser aufnehmen und dabei sicher doppelte Größe erreichen.

Danach kochen Sie sie fünf bis zehn Minuten je nach der gewünschten Härte.

Sojabohnen

Im Gegensatz zum Mais und den ‚black eyed beans' muß mit Sojabohnen lange angefüttert werden. In einem Gewässer mit vielen Karpfen ist pro Platz ein Kilo täglich nicht zu viel.
Die gekochten Bohnen haben fast die gleiche Farbe wie Mais, dadurch fallen sie auf einem dunklen Boden gut auf. In Gewässern, in denen schon viel mit Mais gefischt wurde, kann sich diese Farbe auch nachteilig auswirken.
Der Fisch wird diese Farbe mit Gefahr in Verbindung bringen und fliehen. Wenn Sie während des Kochens die Bohnen färben, wird dieser Nachteil behoben. Mit rotem Farbstoff werden die Bohnen schön orangefarbig. Die Sojabohne ist ein Particle mit wenig Geruch und Geschmack und es ist besser sie mit einem Aroma zu versetzen. Sie gehen dabei auf die gleiche Weise vor, wie bei den ‚black eyed beans'. Besonders das Kochen in Currysuppe hat sich als erfolgreich erwiesen. Von den Aromen erzielt Maple die besten Ergebnisse.

‚butter beans'

Butterbohnen sind groß und flach. In vielen Gewässern wirken diese Bohnen konzentriert, manchmal ist aber eine Futterkampagne erforderlich. Die Farbe sieht der gekochter Kartoffeln sehr ähnlich. Wegen ihrer flachen Form sind sie zum Fischen auf weichem Boden sehr gut geeignet, weniger zum Fischen auf Entfernung. Beim Anfüttern mit einer Schleuder oder mit dem Wurfstock werden die Bohnen wegen ihrer Form nach allen Seiten fliegen und ist es unmöglich konzentriert eine Futterstelle anzulegen, was gerade bei Particles wesentlich ist. Zum Uferfischen sind sie aber ein prima Köder.
Die Butterbohne hat ihren Namen nicht zu Unrecht. Sie riecht und schmeckt stark nach Butter. Aroma zuzufügen ist daher überflüssig. Möchten Sie die Bohne doch mit einem anderen Geruch versehen, so sind Tomaten(Suppe) und Cream dazu sehr geeignet. Kochen Sie die Bohnen zehn Minuten, nachdem Sie sie zwölf Stunden eingeweicht haben. Die Kochzeit ist ziemlich kritisch, denn kochen Sie sie zu lange, so platzt die Haut und die Bohnen

fallen auseinander. Butterbohnen gehören zu den wenigen Particles, die auch im Winter gute Ergebnisse erbringen.

‚cick peas'

Die Kichererbsen sind ziemlich groß und wirken meistens augenblicklich. Die gelben Erbsen haben einen penetranten Geruch. Chick peas sind auch nach dem Aufweichen noch sehr hart. Wenn die Erbsen 24 Stunden im Wasser gelegen haben, müssen sie mindestens noch zwanzig Minuten kochen. Dieser Köder ist ziemlich schwer und deswegen zum Fischen in fließendem Wasser geeignet.

‚maples'

Die Ahornfruch ist braun und riecht eigenartig. Obgleich maples viel Öl enthalten, sind sie doch ziemlich schwer. Eine lange Eingewöhnungsperiode ist manchmal nötig aber nicht immer. Das müssen Sie selber herausfinden. Die maples sind hart und werden auf die gleiche Weise wie chick peas zubereitet.

‚tigernuts'

Tigernüsse sind schwer zu bekommen. Außerdem erzielt man mit diesem Köder in den meisten Gewässern schlechte Resultate. Demgegenüber aber gibt es auch Gewässer, in denen sich Tigernüsse besonders erfolgreich gezeigt haben. Hier hat sich herausgestellt, daß sich die Nüsse erst nach einer langen Futterkampagne bewähren. Die Tigernüsse werden, je nach der Kochzeit, mehr oder weniger schwer. Sie enthalten nämlich ziemlich viele Öle, die während des Kochens frei werden. Werden sie länger als zwanzig Minuten gekocht, so sind sie ungefähr so schwer wie maples.
Die Tigernüsse bleiben ungeachtet der Kochzeit relativ hart. Werden Sie in einem Schnellkocher bereitet, so werden sie etwas weicher. Mindestens 24 Stunden einweichen!

Korinthen und Rosinen

Korinthen und Rosinen werden in einem Wasser erstaunlich gut wirken, während sich der Karpfen in anderen Gewässern überhaupt nicht nach ihnen umsieht. Einen Mittelweg scheint es nicht zu geben. Sie sind fix und fertig im Supermarkt zu bekommen und brauchen keine weitere Zubereitung.

Manchmal aber ist es besser sie zuerst einzuweichen. Die Korinthen und Rosinen fühlen sich dann fester an. Kochen hingegen ist völlig überflüssig. Dieses Particle ist ohne weiteres einen Versuch wert, wenn die anderen Köderarten versagen. In Gewässern, in denen Sie damit Erfolg haben, können Sie sie auch im Winter benutzen, was für die meisten Particles nicht gilt.

Kapuzinererbsen, braune und weiße Bohnen

Mit diesen Particles müssen Sie zuerst längere Zeit füttern. Sie sind sowohl in der Dose als auch in trockener Form erhältlich. Aus der Dose können sie sofort an den Haken. Sie sind relativ weich, so daß Sie nicht nur Karpfen fangen werden. Es ist also besser die Bohnen selber aufzuweichen und zu kochen, damit Sie die Härte bestimmen können. Kochzeit etwa 10 Minuten Kapuzinererbsen und braunen Bohnen brauchen Sie keine Aromen mehr hinzuzufügen. Das gleiche gilt eigentlich auch für weiße Bohnen. Andererseits kann man diese ausgezeichnet in Tomatensuppe kochen. Wenn Sie trotzdem Aroma hinzufügen möchten, so eignen sich Maple und Maple-Creme am besten dazu. Die braunen Bohnen und die Kapuzinererbsen sind dunkel, weshalb sie auf den meisten Böden weniger auffallen. In Gewässern mit vielen kleinen Karpfen kann das auch ein Vorteil sein. Kleine Karpfen nehmen ihr Futter besonders visuell wahr und werden den Köder nicht so schnell finden, so daß dieser für den geduldigen Schnüffler reserviert bleibt. Das gilt natürlich auch für andere dunkle Köder.

Hanf

Diese superkleinen Ködersorten entsprechen noch besser dem Prinzip, eine Köderquelle zu schaffen, die mit dem natürlichen Nahrungsangebot übereinstimmt. (Mückenlarven, Blutwürmer,

Samen von Wasserpflanzen oder Uferbewuchs).

Hanf hat einen penetranten Geruch, so daß der Karpfen den Köder leicht finden wird. Infolge häufigen Fütterns durch Weißfischer, hat auch der Karpfen diesen Köder schätzen gelernt. Futterkampagnen sind auch nicht wirklich notwendig. Hanf soll vierundzwanzig Stunden aufgeweicht werden, und dann kurz kochen. Für den Weißfisch soll der Samen aufspringen, damit der weiße Keim zum Vorschein kommt. Für den Karpfen ist das nicht notwendig, aber es schadet auch nicht.

Weil der Köder so winzig ist, wird die Köderbefestigung nicht leicht sein. Es ist fast unmöglich, die Körner auf den großen Karpfenhaken zu stecken. Sie sind also völlig auf ein Haar, oder in diesem Fall sogar mehrere Haare, angewiesen.

Mit Hilfe einer sehr dünnen Nadel reihen Sie die Hanfkörner auf kurze Schnürchen 0.08 von denen Sie vier oder fünf am Haken verknüpfen. Es ist aber viel einfacher, die Körner mit wasserfestem Sekundenkleber an die Schnürchen zu kleben.

Die Gefahr, daß der Fisch den Haken schluckt und die Schnur durchbeißt, ist hier noch größer als beim Fischen mit größeren Particles. Ein Frightener ist besonders in Kombination mit diesen kleinen Particles absolut notwendig.

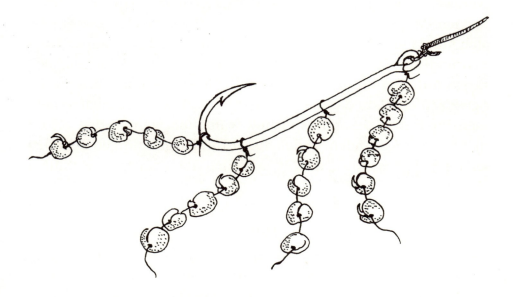

Bemerkungen

Bei der Zubereitung von Particles dürfte Ihnen aufgefallen sein, daß alle Ködersorten, die Sie in trockener Form kaufen, gekocht werden müssen. In der Praxis ist das für manche Sorten nicht notwendig, weil sie durch das Aufweichen schon weich genug sind. Außerdem soll der Köder hart bleiben, so daß Kochen weniger gut ist. Aber es hat sich herausgestellt, daß manche Particles in ungekochter Form schädlich für den Fisch sind. Das gilt natürlich nicht für alle Particles, es ist aber noch zu wenig bekannt, welche ungefährlich sind. Solange wir noch nicht dahinter gekommen sind, raten wir Ihnen in allen Fällen, den Köder wenigstens einige Minuten zu kochen. Ein dem Fisch unschädlicher Köder wird seine Fangkraft länger behalten.

Die wichtigste Erwägung für einen verantwortungsbewußten

Ein Dreiundzwanzigpfünder, gefangen auf eine Erdnuß mit Aflotoxin-Aroma!?

Sportangler sollte das Wohlergehen der Fische sein. Es ist uns bekannt, daß manche Angler Erdnüsse verwenden. Wir meinen damit nicht die Nüsse aus dem Supermarkt, sondern die, die als

Vogelfutter verwendet werden. Es hat sich herausgestellt, daß Karpfen bei öfterem Verzehr dieser Nüsse stark abgenommen haben. In extremen Fällen sind Karpfen sogar eingegangen. So wie mit anderen Particles wird der Fisch sich nur von Erdnüssen ernähren, die natürliche Nahrung kommt dann für ihn nicht mehr in Betracht. Solange der Köder einen akzeptablen Nährwert hat (und das trifft gewiß für die von uns empfohlenen Particles zu) ist es nicht schlimm. Bei den Erdnüssen aber ist es eine üble Sache. Wir wollen nicht zu sehr darauf eingehen, aber kurz gesagt, der Fisch bekommt von Erdnüssen einen schlimmen E- und B-Vitaminmangel. Die körperliche Verfassung des Fisches gerät dadurch völlig durcheinander. Es gibt aber noch ein Problem. Die Erdnüsse scheinen oft mit ‚Aflotoxin', einer krebserregenden Chemikalie, versetzt zu sein.
Wundern Sie sich da noch, daß wir diesen Köder nicht besprochen haben?
Besonders in kleineren Gewässern ist das Fischen mit Erdnüssen äußerst unsportlich! In größeren Gewässern, wo es eine umherziehende Karpfenpopulation gibt, ist es wahrscheinlich weniger schädlich. Aber wenn Sie uns fragen, doch lieber nicht.

Köderzubereitung

Die fix und fertigen Boilies aus dem Laden sind bestimmt eine Hilfe für denjenigen, der es einmal versuchen will. Wer aber regelmäßig mit Boilies fischt und füttert, wird tief in den Geldbeutel greifen müssen. Fix und fertige Boilies sind außerdem ziemlich weich, auf jeden Fall zu weich um selektiv fischen zu können. Wenn Sie die Boilies selber bereiten, sind sie viel billiger und Sie haben alles in der Hand: Zusammensetzung, Geschmack, Geruch, Proteingehalt und Härte.

Zubereitung

Wir gehen immer aus von einem Pfund Trockenmasse aus. Die trockene Mischung wird den Eiern hinzugefügt und nicht umgekehrt. Auch Aroma, Süßstoff und Farbe werden in die Mischung gegeben.
Bringen Sie alle Zutaten für die trockene Mischung zusammen in eine Schale (wir kommen noch ausführlich auf die Rezepte zurück). Wenn Sie Geschmackverstärker gebrauchen, fügen Sie diesen auch der trockenen Mischung zu. Danach rühren Sie sorgfältig und so lange bis Sie eine homogene Teigmischung bekommen. Vor allem Milcheiweiß hat eine sehr feine Struktur und ist dadurch schwierig mischbar. Ein Tip: Geben Sie alle Bestandteile für die Mischung in eine abschließbare Büchse, die Sie kräftig hin und her schütteln können.
In eine zweite Schale schlagen Sie die Eier. Die Anzahl hängt von der Größe der Eier ab, aber auch von der Mischung selber. Pro Pfund sind ungefähr drei bis sechs Eier erforderlich. Sorgen Sie dafür, daß Sie immer genug trockene Mischung zur Hand haben.

Haben Sie zuviel Eier genommen und haben Sie zu wenig Pulver, dann bekommen Sie eine glitschige Teigmasse, aus der Sie überhaupt keine Boilies rollen können. Haben Sie noch ein wenig Trockenmaterial in Reserve, dann können Sie dieses hinzufügen um dem Teig die nötige Steifheit zu geben. Die Eier zuerst schlagen, bevor Sie Farbe, Aroma, Süßstoff und eventuell das Öl hinzufügen (der Farbstoff in Pulverform kann auch in die trockene Mischung gegeben werden). Einen gestrichenen Teelöffel davon in die Eier streuen und gut verrühren. Danach saugen Sie mit der Dosierspritze genau 5 ml Aroma aus dem Fläschchen und spritzen es in den Eierkuchen, den Sie dann wieder rühren. Auf dieselbe Weise fügen Sie 2 ml Süßstoff zu und dann das Öl, wenn dies im Rezept steht. Vor allem das Öl sollten Sie sehr gut vermischen, damit es nicht als ein Film auf der Oberfläche treibt.

Fügen Sie nun allmählich die trockene Teigmischung den Eiern zu, während Sie gleichmäßig mit einem hölzernen Löffel rühren. Mit einem Küchenmixer auf der niedrigsten Geschwindigkeit geht es ausgezeichnet. Wenn die Teigmasse steif wird, müssen Sie mit der Hand weiter kneten, bis die Masse gut haftet, nicht klebt und vor allem gut rollbar ist.

Für das Rollen der Boilies suchen Sie in der Küche eine Schale mit flachem Boden. Von dem Teig nehmen Sie ein Stück und rollen es zu einer Kugel von der Größe eines Tischtennisballes. Legen Sie diesen Teigball auf eine ebene Fläche (einen Brotteller z. B.). Mit dem flachen Boden der Schale rollen Sie diesen Ball zu einer Wurst von ein bis zwei Zentimeter Stärke. Auf diese Weise rollen Sie den ganzen Teig zu Würstchen, die Sie folgenderweise aufstapeln: Legen Sie vier oder fünf nebeneinander mit ein wenig Zwischenraum. Die nächste Serie legen Sie quer darüber usw. Schneiden Sie jetzt die Würstchen in gleiche Teile von je eineinhalb Zentimeter. Sie können sie dann eines nach dem anderen mit der Hand rollen. Besser ist es, sie zwischen Brotteller und Schale zu rollen. Nach einiger Übung wird es Ihnen gelingen zwei, drei oder mehr Boilies zu gleicher Zeit zu drehen.

Wenn Sie das alles zu umständlich finden, müssen Sie sich einen ‚Rolaball' besorgen: eine kleine Presse, die mehrere Bällchen gleichzeitig rollt. Der Rolaball besteht aus zwei identischen Hälf-

ten mit rillenförmigen runden Kanälen. Legen Sie ein Stück Teig auf die Presse und drücken Sie die zwei Hälften kräftig aufeinander, wobei die Teigreste über die Kanäle hinausgepreßt werden. Diese ausgepreßten Teigreste abschneiden und wieder in die Schale legen. Sie haben jetzt mit einer Bewegung fünf Würstchen gerollt. Die zu kurzen Enden aus den Rändern der Presse legen Sie in die Schale zurück. Die übrigen Würste nehmen Sie heraus und stapeln Sie auf die oben genannte Weise auf. Um die Boilies zu rollen, nehmen Sie eine Wurst und legen diese auf die Presse, aber jetzt quer zu den Rillen.

Nun die zweite Hälfte der Presse darauf legen und kräftig andrücken. Danach in einer fließenden Bewegung die obere Hälfte der Presse nach vorne drücken, während Sie die untere Hälfte festhalten. Die Bällchen rollen von selbst heraus. Es kann vorkommen, daß die Würtschen etwas schwellen, wenn sie aus der Presse kommen. Dann ist es besser, mit der Schale den Durchmesser etwas zu verkleinern. Für diese Arbeit gibt es auch einen sogenannten ‚Rolling-table', mit dem Sie Würstchen der richtigen Dicke rollen können.

Die noch ungekochten Boilies dürfen nicht aufgestapelt werden, da sie sonst wieder aneinanderkleben. Legen Sie sie in eine tiefe

Schale mit flachem Boden. Wenn Sie diese Schale ab und zu kräftig hin und her schütteln, vermeiden Sie das Ankleben.

Die Kochphase: Füllen Sie den Topf bis zur Hälfte und bringen Sie das Wasser zum Kochen. Geben Sie nun etwa fünfzig Bällchen in das kochende Wasser, das dadurch sofort abkühlt. Die Boilies sinken zu Boden. Ein Schaumlöffel verhindert das Anbrennen. Das Wasser fängt wieder zu kochen an und nach einiger Zeit kommen alle Bällchen hoch. Die Haut ist jetzt weich. Abhängig von der gewünschten Härte lassen Sie sie noch eine Minute oder länger kochen. Manche Boilies, vor allem die mit einem hohen Eiweißgehalt, sind schon hart genug wenn sie an der Oberfläche treiben.

Legen Sie alle Boilies auf ein Geschirrtuch, wo sie abtropfen können und lassen Sie sie danach abkühlen. Die abgekühlten Boilies werden jetzt wieder sinken (es sei denn, daß Sie gerade ein Rezept für treibende Boilies gewählt haben). Während des Trocknens wer-

Von kapitalen Karpfen gesprochen...

den die Boilies noch etwas härter und bekommen eine gummiartige Außenseite. Nicht zu lange trocknen lassen, denn dann werden sie knusprig und können beim Anködern zerbrechen! Ein paar Stunden genügen meist.

Wenn Sie im Hinblick auf eine Futterkampagne eine große Menge angefertigt haben, können Sie sie auch einfrieren. Verpacken Sie die Boilies zu fünfzig oder hundert Stück in Plastikbeutel. Zählen Sie einmal die gewünschte Anzahl und geben Sie sie in eine Schale. Markieren Sie, wie weit die Schale gefüllt ist. So messen Sie jedesmal ungefähr fünfzig oder hundert Boilies ab. Die Plastikbeutel zuknoten und ins Gefrierfach legen. Benutzen Sie nur spezielle Gefrierbeutel, da die Boilies sonst austrocknen.

Proteingehalt

Wenn Sie den genauen Proteingehalt dses Köders bestimmen wollen, dann können Sie folgendermaßen vorgehen. Einfachheitshalber teilen Sie ein Pfund der Mischung in zehn Portionen von fünfzig Gramm. Von jeder Zutat multiplizieren Sie den Eiweißprozentsatz mit der Anzahl der Portionen und zählen diese Werte zusammen. Wenn Sie jetzt diese Zahl durch zehn teilen, dann haben Sie ungefähr den Eiweißprozentsatz Ihres Köders. Wir geben ein Beispiel.

250 Gramm Kasein	$= 5 \times 90$	$= 450$
50 Gramm Sodiumkaseinat	$= 1 \times 90$	$= 90$
50 Gramm Laktalbumine	$= 1 \times 80$	$= 80$
100 Gramm Weizengluten	$= 2 \times 80$	$= 160$
50 Gramm Sojamehl	$= 1 \times 50$	$= 50$
500 Gramm		$830 : 10 = 83\%$

Rezepte

Das spezifische Gewicht Ihrer Boilies, können Sie selber durch die richtige Auswahl der Bestandteile der Mischung bestimmen.

Fischen Sie zum Beispiel in strömendem Wasser, dann werden schwere Boilies eher sinken und besser liegen bleiben als leichte. Das schwere Kasein oder Weizengrießmehl sollte hier einen wichtigen Teil der Basis bilden. Für Schlammböden dagegen wählen Sie besser leichtere Produkte.

Prinzipiell können Sie alle Bestandteile miteinander mischen, wenn Sie nur die maximalen Prozentsätze nicht überschreiten (s. unter Köder).

Wir geben Ihnen eine Anzahl Rezepte, mit denen wir in den vergangenen Jahren sehr gute Erfolge hatten. Die erste Gruppe betrifft Rezepte, denen Sie noch Aroma zufügen müssen. Die Rezepte der zweiten Gruppe enthalten Bestandteile, die von sich aus schon Geruch und Geschmack entwickeln.

Sie besitzen jetzt soviel Kenntnisse, daß Sie selbst das spezifische Gewicht und den Proteingehalt bestimmen können.

Neutrale Mischungen ohne eigenen Geruch

250 Gramm Kasein
 50 Gramm Sodiumkaseinat
 50 Gramm Laktalbumine
100 Gramm Weizenglauen
 50 Gramm Sojamehl

250 Gramm Kasein
100 Gramm Sojaisolat
 50 Gramm Ei-Albumine
 50 Gramm Laktalbumine
 50 Gramm Weizengluten

---

200 Gramm Kasein
 50 Gramm Laktalbumine
100 Gramm Weizengluten
 50 Gramm Sojaisolat
100 Gramm Sojamehl

250 Gramm Kasein
 50 Gramm Kalziumkaseinat
 50 Gramm Weizengluten
 50 Gramm Laktalbumine
 50 Gramm Babymilchpulver
 50 Gramm Sojamehl

200 Gramm Kasein
100 Gramm Weizengluten
100 Gramm Laktalbumine
 50 Gramm Weizenkleie
 50 Gramm Weizengrießmehl
+Vitamine/Mineralien

150 Gramm Milchpulver
100 Gramm Sodiumkaseinat
 50 Gramm Laktalbumine
150 Gramm Kasein
 50 Gramm Weizenkleie
+Vitamine/Mineralien

---

100 Gramm Kalziumkaseinat
100 Gramm Kasein
 50 Gramm Laktalbumine
 50 Gramm Milchpulver
 50 Gramm Weizengrießmehl
 50 Gramm Weizengluten
100 Gramm Sojaisolat
+Vitamine/Mineralien

150 Gramm Kasein
 50 Gramm Sojaisolat
 50 Gramm Maismehl
 50 Gramm Sodiumkaseinat
 50 Gramm Laktalbumine
100 Gramm Weizengluten
 50 Gramm Weizenkeime
+Vitamine/Mineralien

Mischungen mit eigenem Geruch und Geschmack

250 Gramm Trouviet
100 Gramm Kalziumkaseinat
100 Gramm Weizengluten
 50 Gramm Sojamehl

150 Gramm Sardinenmehl
100 Gramm Kasein
100 Gramm Garnelenmehl
100 Gramm Fleischknochen-
    mehl
 50 Gramm Weizengluten

---

100 Gramm Fischmehl
100 Gramm Heringsmehl

150 Gramm Fleischknochenmehl
100 Gramm Weizengluten
 50 Gramm Garnelenmehl

100 Gramm Fleischmehl
100 Gramm Fleischknochen-
    mehl
 50 Gramm Blutmehl
 50 Gramm Weizengluten
100 Gramm Trouviet
 50 Gramm Kasein
 50 Gramm Sojaisolat

Auf Karpfen im Winter

Wer früher im Winter auf Karpfen fischte, wurde für verrückt erklärt. Heutzutage wissen immer mehr Sportfischer, daß der sogenannte ‚Winterschlaf' der Karpfen ein Märchen ist. In den letzten Jahren ist eindeutig bewiesen worden, daß auch im Winter das Karpfenfischen erfolgreich sein kann. Es gibt sogar Gewässer, in denen die Karpfen im Winter leichter zu verführen sind als im Sommer. Selbstverständlich bilden diese Gewässer nur eine Ausnahme. Trotzdem können in beinahe jedem Gewässer im Winter Karpfen gefangen werden. Diese Winterfischerei erfordert natürlich eine andere Methode.
Das Freßverhalten der Karpfen ist in den kalten Wintermonaten völlig anders. Der Stoffwechsel des Fisches hängt zu einem großen Teil von der Wassertemperatur ab. Bei den milderen Sommertemperaturen tritt ein erhöhter Stoffwechsel ein. Der Karpfen braucht dann mehr Brennstoff, also mehr Nahrung und wird sich stärker bemühen, diese Nahrung zu suchen. Bei niedrigen Temperaturen braucht der Fisch wenig Nahrung. Außerdem zehrt er in hohem Maße von dem Fettvorrat, den er sich im Herbst angefressen hat. Er wird sich darum nur auf wenige und kurze Nahrungsperioden beschränken, in denen er gerade soviel Nahrung zu sich nehmen wird, wie er braucht, um den Winter zu überstehen. In dieser Zeit wächst er kaum.
Die Wahl des Gewässers ist außerordentlich wichtig. Es empfiehlt sich, ein Gewässer zu wählen, das Sie vom Sommer her kennen. Die Karpfenfischerei im Winter ist nicht immer ein Vergnügen, doch eine Herausforderung für diejenigen, die nicht gleich aufge-

ben. Kälte, Wind und Niederschlag wecken Gedanken an das warme Zimmer daheim. In diesen Augenblicken müssen Sie sehr stark davon überzeugt sein, daß Sie eine Chance haben! Ihre Stimmung wird darum um so besser, wenn Sie ein Gewässer befischen, in dem Sie früher in der Saison schon ein paar Burschen gefangen haben. An einem unbekannten Gewässer geraten Sie rascher ins Zweifeln, wenn ein Anbiß zu lange auf sich warten läßt.

Im Grunde können Sie im Winter in jedem Gewässer Karpfen fangen. Gewässer mit einer dichten Population kommen zu allererst in Betracht. Hier ist die Chance auch größer, einige Karpfen anzutreffen, die gerade während Ihrer Anwesenheit Nahrung suchen. Die sogenannten Karpfenpfühle und Parkgewässer grarantieren im Winter oft den Erfolg.

Stellen Sie sich der Herausforderung, ein großes Gewässer zu testen, dann ist es sehr wichtig, daß Sie die örtliche Situation kennen und daß Sie sich Zeit nehmen, die Nahrungsperioden und die Aufenthaltsorte der Fische herauszufinden. Selbstverständlich sind viele Sportfischer schnell geneigt, sich nach Kanälen umzusehen, in die man warmes Wasser einleitet. Gibt es ein solches Gewässer in Ihrer Nähe, dann ist das bestimmt keine unvernünftige Wahl. Denken Sie aber daran, daß Sie das Unterwassergeschehen nicht mit dem in kalten Gewässern vergleichen können. Es handelt sich hier auch nicht um echte Winterfischerei. Die Lufttemperatur mag sehr niedrig sein, der Karpfen bemerkt das überhaupt nicht. Die Angelmethoden werden hier dann auch im wesentlichen mit denen der Sommerfischerei übereinstimmen. Nur daß Sie sich selber dem Winterklima über dem Wasserspiegel anzupassen haben.

Wir gehen davon aus, daß Sie eine vernünftige Wahl getroffen haben und überlegen uns nun den Platz. Es ist ratsam, im Sommer schon einige Vorarbeit zu verrichten. Ohne Zweifel werden Sie während des Sommers schon das Nötige wahrgenommen haben, wovon Sie auch im Winter profitieren können. Sie werden zum Beispiel einen tieferen Pfuhl antreffen oder Unterschiede in der Bodenbeschaffenheit entdecken. Tragen Sie all diese Einzelheiten in Ihr Fangbuch ein, so daß Sie sie später benutzen können. Wir verdeutlichen es mit einem Beispiel aus der Praxis.

Nehmen wir an, daß Sie im Laufe der Jahre zusammen mit Ihrem Angelfreund ein bestimmtes Gewässer regelmäßig besucht haben. Sie haben bemerkt, daß der Boden zwar schlammig ist, aber daß es auch ein paar härtere Sandplatten gibt. Die Wassertiefe ist fast überall eineinhalb Meter. Zusammen mit Ihrem Freund haben Sie beschlossen, dieses Gewässer auch im Winter zu befischen. Es empfiehlt sich, in dem Falle zwei Plätze zu wählen, die wesentlich voneinander abweichen. Sie fischen zum Beispiel bei etwas überhängenden Bäumen auf dem weichem Schlammboden, während der Freund den Köder auf eine der Sandplatten legt. Am Ende des Tages können Sie die Resultate vergleichen. Wenn Ihr Freund erfolgreich war und Sie überhaupt keine Karpfenaktivität gemerkt haben, dann sollten Sie bei der nächsten Gelegenheit am besten auch eine Sandplatte als Angelplatz wählen. Ohne vorhergehende Beobachtung in den Sommermonaten hätten Sie diese Sandplatten nicht finden können. Es

Cees mit einem Februar-Karpfen von dreißig Pfund

wäre dann ein Rätsel geblieben, weshalb der Freund Bisse hatte und Sie nicht.

Nicht nur im Sommer können Sie interessante Hinweise sammeln. Auch im Winter kann es nützlich sein, einige Male den Platz ohne Rute zu besuchen. Nehmen Sie sich dazu aber Zeit, denn im Winter verrät der Karpfen seine Anwesenheit nicht so schnell wie im Sommer.

Obwohl der Karpfen sich auch im Winter wohl hin und wieder an der Oberfläche zeigt oder sich in voller Größe aus dem Wasser erhebt, scheint das Springen eine sommerliche Angelegenheit zu sein. Der Mangel an Wasserpflanzen macht das Aufspüren der Fische auch nicht leichter. Während Sie im Sommer den Fisch an Hand des sich bewegenden Rohres oder wiegender Wasserlilien lokalisieren konnten, werden Sie im Winter nach anderen Anhaltspunkten suchen müssen. Auch wird der Fisch wegen der geringeren Aktivität wenig Blasen produzieren. Aber – werden Sie sich vielleicht fragen – wie kann ich die Tiere dann finden?

Der Karpfen zieht es auch im Winter vor, an der Seite des Wassers, an die der Wind weht, auf Futtersuche zu gehen. Sicher ist dies so,

wenn diese Seite des Wassers in der Sonne liegt. Bei starken Nordostwinden muß der Karpfen allerdings an den windfreien Stellen gesucht werden, da dieser Wind das Oberflächenwasser stark abkühlt und das kalte Wasser zum Windufer getrieben wird.
Meist sind die im Sommer sehr produktiven Plätze auch gute Winterplätze. Die Fische scheinen sich dann kaum um Windrichtung, Sonnenstand und Wassertiefe zu kümmern. Es braucht Sie nicht zu wundern, daß Sie Karpfen an seichten Stellen fangen, wo Sie den Fisch nur an einem warmen Sommertag erwartet hätten. Weiter begünstigt Sie der Umstand, daß das Wasser viel klarer ist als im Sommer, und Sie oft den Boden sehen können. Im Winter sind nämlich die Algen abgestorben und zu Boden gesunken. In dieser Zeit ist der Karpfen passiv und wühlt den Boden nicht so stürmisch um. Für diese Beobachtungen ist eine Polarisationsbrille ein unentbehrliches Hilfsmittel.
Nicht nur wir, sondern auch der Karpfen profitiert von diesem klaren Wasser. Er hält sich fern vom Ufer, an dem man regelmäßig spazierengeht. Dies scheint ein Nachteil zu sein, ist es aber nicht! Wenn wir nämlich wissen, wo der Karpfen sich aus diesem Grunde *nicht* aufhält, wird das Gebiet, wo der Fisch sich möglicherweise befindet, immer kleiner. Und damit wird die Chance, den Fisch lokalisieren zu können, immer größer. Der nächste Schritt ist, Ihre Beobachtung auf die Plätze zu konzentrieren, an denen sich wenig Leute befinden. Oft sind das die Strecken, an denen Sträucher und Bäume am Ufer wachsen. Wenn Sie auf einen Baum steigen, bekommen Sie einen ausgezeichneten Eindruck von dem, was sich unter Wasser abspielt. Nicht selten können Sie auf diese Weise eine Gruppe Karpfen entdecken. Sie brauchen dann nur noch einen geeigneten Standort zu suchen, von dem aus Sie den Fisch überlisten können.
Wenn Sie auch auf diese Weise keinen Karpfen finden, ist das Beobachten trotzdem nicht umsonst gewesen. Sie haben dann auf jeden Fall wieder ein Stück Wasser ausfindig gemacht, in dem der Karpfen bestimmt nicht ist. Wenn Sie sich jetzt auf die Gebiete konzentrieren, die Sie nicht beobachten konnten, dann ist ihre Chance auf Fisch wieder größer geworden.
Wenn Sie während des Suchens trübes Wasser erblicken, seien Sie

dann nicht enttäuscht, daß Sie nun nichts mehr sehen. Dies ist eher ein Grund zu einem Freudenschrei. Für diese Wassertrübe gibt es nur eine Ursache: Wühlende Karpfen auf Futtersuche! Auch während des Fischens sollten Sie weiter beobachten. Scheuen Sie sich nicht, einen anderen Platz aufzusuchen, wenn Sie dort einen Karpfen rollen sehen. Im Sommer ist das weniger wichtig, weil die Chance groß ist, daß die Karpfen nach einiger Zeit auch Ihrem Platz einen Besuch abstatten werden. Im Winter aber ist der Karpfen ziemlich ortsgebunden und wandert selten. Bedenken Sie, daß der Karpfen sich jetzt noch mehr in Gruppen aufhält und zögern Sie jetzt nicht! Je passiver der Karpfen, desto aktiver müssen Sie sein.

Genau so wichtig wie im Sommer ist das Anlegen eines guten Futterplatzes. Denken Sie aber ständig daran, daß der Karpfen weniger Nahrung zu sich nimmt. Genaue Richtlinien für die Futtermenge sind kaum zu geben und hängen stark vom Angelplatz ab. Die Karpfen in gut bevölkerten Gewässern sind gerade im Winter auf ein beschränktes Nahrungsangebot angewiesen und werden Ihrem Futter große Aufmerksamkeit schenken. Dies im Gegensatz zu Gewässern, wo es nur wenige Karpfen gibt. Hier reicht das natürliche Nahrungsangebot auch im Winter noch aus. Wichtig ist es dann, darauf zu achten, daß Ihr Köder nicht von schlechterer Qualität ist als das natürliche Nahrungsangebot.
Übermäßiges Füttern könnte aber bedeuten, daß der Karpfen das Futter liegen läßt. Wirklichen Hunger hat er ja nicht und die Chance ist groß, daß der Fisch satt ist, bevor er Ihr Boilie findet. Trotzdem ist Füttern im Winter von großer Wichtigkeit. Wegen der geringen Mobilität des Karpfens ist die Chance, daß ein einziges Boilie gefunden wird, sehr gering. Eine umfangreiche Futterbahn vergrößert diese Chance. Wenn er einmal ein schmackhaftes Boilie gefunden hat, wird er sorgfältig auf die Suche nach mehr gehen.

Wenn Sie regelmäßig kleine Portionen füttern, können Sie den Karpfen daran gewöhnen. Auf diese Weise regen Sie den Fisch dazu an, regelmäßig nach Nahrung zu suchen. So zeigt sich zum Beispiel, daß in Gewässern, in denen im Winter regelmäßig von

Dank der warmen Kleidung und einem herzerwärmenden Fisch hat auch die Winterfischerei ihren Reiz

Weißfischanglern gefüttert wird, auch gut Karpfen zu fangen sind.

An einem solchen Platz, wo der Fisch gelernt hat, regelmäßig nach Nahrung zu suchen, ist es meistens nicht nötig während des Fischens zu füttern. Der Fisch wird durch Ihr Anfüttern vor dem eigentlichen Angeltag den Köder auch ohne Futterbahn innerhalb einer akzeptablen Zeit finden. So vermeiden Sie, daß der Karpfen satt ist, bevor er Ihren Köder entdeckt.

Anfüttern ist also ganz bestimmt nützlich, aber Sie müssen überlegter vorgehen als im Sommer. Alles zusammengenommen ein schwieriges Problem, zu dem bemerkt werden muß, daß sogar Spezialisten Meinungsverschiedenheiten haben. Wenn der Erfolg ausbleibt, müssen Sie die Ursachen überprüfen und die Fehler in Ihrem Vorgehen suchen.

Es ist von großer Bedeutung, das Wetter genau zu beobachten. Der Karpfen reagiert schon auf leichte Wetterveränderung sehr empfindlich.

Vor allem die Tage, an denen spärlicher Sonnenschein die Temperaturen noch ein bißchen steigen läßt sind es, die den Karpfen aus seiner Lethargie wecken. Diese Tage sind aber sehr selten. Wenn Sie an solchen Tagen das Wasser beobachten, werden Sie doppelten Nutzen davon haben. Mindestens die Sonne werden Sie genießen können.
Erfolge werden sich in der Regel nur um die Mittagszeit einstellen. Ein Angeltag vom frühen Morgen bis zum späten Abend wird daher kaum bessere Ergebnisse bringen als ein Ansitz zwischen 10 und 16 Uhr.
Eine Regel wäre aber keine Regel, wenn es keine Ausnahmen gäbe. Es gibt nämlich auch Fischwasser, in denen der Karpfen ganz andere Freßperioden hat. Um zu entdecken, welchem Zeitpunkt der Karpfen dort den Vorzug gibt, bleibt Ihnen nur eine Methode: Sie müssen sich die Mühe machen, einmal vierundzwanzig Stunden lang zu fischen. Karpfen haben nämlich die Gewohnheit, zu bestimmten Zeitpunkten auf Futtersuche zu gehen. Wenn Sie die Zeitpunkte kennen, können Sie sich in Zukunft auf diese wenigen Stunden konzentrieren.
Leider ist eines der Merkmale unseres Klimas, daß sich die Sonne an vielen Tagen überhaupt nicht sehen läßt. Wenn es dann auch noch rauhen Wind gibt und der Regen auf den Regenschirm prasselt, dann wird das Fischen auf Winterkarpfen wohl sehr ungemütlich. Sie müssen dann schon ein echter Draufgänger sein, um nicht zu Hause zu bleiben. Die Möglichkeit schlecht wegzukommen, ist sehr groß. Jedoch nach dem Motto ‚zu Hause fange ich bestimmt nichts' gibt es immer wohl ein paar Fans, die sogar dann noch tapfer und allein am Ufer sitzen. Oft ohne Resultat, aber manchmal erscheint der Karpfen ganz unerwartet und alle Leiden sind vergessen.
Der Luftdruck spielt im Winter eine wichtigere Rolle als im Sommer. Wenn das Barometer auf und nieder geht, hat das durchaus Einfluß auf den Fisch. Absolute Passivität ist meistens die Folge. Am günstigsten sind deshalb Perioden mit dauerhaft konstantem Luftdruck. Es ist dann nicht so wichtig, ob dieser hoch oder niedrig ist, mit der Einschränkung, daß ein hoher Luftdruck meistens auch Nachtfrost bringt.

Wind aus westlicher oder südlicher Richtung bringt meistens mildes Wetter. Das hat einen günstigen Einfluß auf das Freßverhalten des Karpfens.

Zum Schluß raten wir Ihnen, im Winter immer einen guten Fischfreund mitzunehmen. Das Warten dauert dann nicht so lange. Eine Thermosflasche mit warmem Inhalt kann Sie ausgezeichnet aufmuntern. Und daß Sie besser zu Hause bleiben sollten, wenn Sie nicht die richtige Kleidung anziehen, ist schon ganz und gar selbstverständlich!

Erklärende Wörterliste

Wir haben versucht, in diesem Buch den Gebrauch von englischen Ausdrücken weitgehend zu vermeiden. Da die ganze Boilie-Fischerei aber aus England stammt, war das nicht immer möglich. Mancher englische Ausdruck kommt in diesem Buch überhaupt nicht vor, wird aber doch von unseren Karpfenchamps benutzt. Auch holländische Worte werden gebraucht und sind teilweise nur schwer zu übersetzen. Deshalb diese erklärende Wörterliste.

ariel needle holder	Stütze für den harten Boden, worin man die Steigbißanzeiger montieren kann
arseley bomb	Wirbelblei
back stop	Hinterstopper
bait	Köder
bank stick	Rutenhalter
bankstickstabilizer	Stabilisator für die Rutenhalter. Verhindert das Verdrehen der Stütze
bite	Anbiß
bite indicator	Bißanzeiger
bivvy	Fischzelt
boilie	gekochtes Teigbällchen
boilie needle	Durchziehnadel für die Befestigung der Boilies
brolly	Anglerschirm

brolly overwrap	Zelt über dem Anglerschirm
bubbler	Karpfen der Blasen verursacht
buzzer	elektronischer Bißanzeiger
carp bombs	aerodynamisches Wirbelblei
carp rod	Karpfenrute
carp sacks	Hälterungssack
casting	Werfen, Wurfsport
climbing monkey	steigender Bißanzeiger (Kletteraffe)
Duckdalben	Hindernisse an Brückenpfeilern
flavour	Duft- u. Aromastoff
float	Pose
floater	schwimmender Köder
foam	Schaumplastikröllchen für Laufringe verhindern das Bewegen des Biß-anzeigers bei fließendem Wasser
frightener	erschreckt den Karpfen, so daß er die Schnur nicht durchbeißt
grease monkey	steigender Bißanzeiger mit Teflon
groundsheet	Bodendecke für das Anglerzelt
hair	dünnes Fädchen für die Befestigung der Boilies (Haar)
head and shouldering	Karpfen der sich bis zu den Kiemen aus dem Wasser erhebt und dann wieder sinken läßt
high protein bait	Köder mit einem hohen Proteingehalt
high nutritive value bait	Köder mit hohem Nährwert
holdall	Rutenfutteral
keepsack	Halterungssack
leaping carp	springender Karpfen
ledger link bead	Spezialperle zur Befestigung des Bleis

ledger stop	Bleistopper
line clip	Schnurklemme
margin fishing	Uferfischen
mud	Schlamm
particles	kleine Köder (Partikel)
plastic beads	Perlen aus Kunststoff
PVA	Wasserlösliche Folie
rig	Methode, Vorfachmontage
rings	Laufringe
rod rest	Rutenhalter
rod sheet	Anglermatte
rolling carp	an der Wasseroberfläche ‚rollender' Karpfen
run clip	Schnurklemme auf dem Rutengriff
run	Schnelle Flucht des Karpfens
scales	Schuppen
Schafenbix	in Holland erhältliches Futtermittel in Pelletform
shallows	seichte Stellen
silt	gesunkene, abgestorbene Algen
snails	Schnecken
spud	Kartoffel
stormsides	Nylon-Windschutz an den Seiten des Schirms
swivel	Wirbel
tackle	Sammelname für alle Materialien
tapering	Kraftverteilung über die Rutenlänge
– fast taper	Rute mit schneller Aktion
– medium taper	Rute mit mittlerer Aktion
– slow taper	Rute mit langsamer Aktion

throwing stick	Wurfstock/Wurfrohr
twitch	kurzer Ruck an der Schnur
umbrella	(Regen-)Schirm
weed	Pflanzenwuchs, Seegras
weigh sling	Wiegesack